林 肯

描写林肯传奇的一生
美国第16任总统

★ ★ ★ ★ ★ ★ ★ ★ ★ ★ ★ ★ ★ ★ ★ ★ ★ ★ ★

◎胡元斌／编著

团结出版社
UNITY PRESS

图书在版编目（CIP）数据

林肯／胡元斌编著. —北京：团结出版社，
2016.2（2024.5重印）
ISBN 978-7-5126-3949-2

Ⅰ.①林… Ⅱ.①胡… Ⅲ.①林肯，A.（1809～
1865）–传记 Ⅳ.①K837.127＝41

中国版本图书馆 CIP 数据核字（2016）第 021142 号

出　版：团结出版社
　　　　（北京市东城区东皇城根南街84号　邮编：100006）
电　话：（010）65228880　65244790（出版社）
网　址：http://www.tjpress.com
E-mail：zb65244790@vip.163.com
经　销：全国新华书店
印　装：三河市金兆印刷装订有限公司

开　本：640mm×915mm　16开
印　张：22
字　数：348千字
版　次：2016年6月　第1版
印　次：2024年5月　第5次印刷

书　号：978-7-5126-3949-2
定　价：78.00元

前　言

那是童年时代的夏夜，我和小伙伴们时常躺在家乡的草坪上，仰望着美丽的星空。那闪闪烁烁的星星，有的明亮，有的灰暗，但都眨眼眨眼地看着我们。偶尔还能看见一颗颗流星划过，无影无踪地消逝在天边的夜色里。大人们说流星会带来灾难，使我们感到了害怕。小小的星星，带给我们童年多少思考与多少幻想啊！

随着我们渐渐长大，也看清了人类历史的天空，那是群星闪烁，星光灿烂，使我们感到人间的美好和光明。当然也有流星划过，果真给人类带来了不小罪恶和灾祸。真可谓，浩浩历史千百载，滚滚红尘万古名，英雄流芳百世，狗熊遗臭万年。这就是丰富多彩的人类社会啊！

在我们人类历史进程中，涌现了许多可歌可泣、光芒万丈的英雄人物，他们用巨擘的手、挥毫的笔、超人的智慧、卓越的才能，力挽狂澜，救万民于水火之中，书写着世界，推动着历史，描绘着未来，不断创造着人类历史的崭新篇章，不断推动着人类文明的飞速发展，为我们留下了许多宝贵的精神财富。

同时也出现了许多乱世恶魔，他们是人间的虎豹豺狼和亡命暴徒，唯恐天下不乱，制造着人间灾难，践踏着人类文明。他们顺我者生，逆我者亡，以一己之私心而放之四海，以一人之狂妄而加之全球，简直野心勃勃，横行于世，然而最终避免不了失败的命运，成了人类的跳梁小丑，落得成了人间的笑柄。

那么，是什么原因使有人成了人间英雄，却使有人成了人间恶魔呢？这是不得不思考的深刻问题。只有清楚了这些问题，才能让英雄辈出，让恶魔永远消失，才能更加体现我们人类社会的高度智慧和文明。

为此，我们根据国内外的最新资料和研究，特别编撰了这套《世界巨人传》。有针对性地精选了世界近现代著名的具有雄才伟略的政治家，他们是拿破仑、华盛顿、林肯、罗斯福、丘吉尔、戴高乐、撒切尔夫人。同时精选了叱咤风云的军事家，他们是艾森豪威尔、蒙哥马利、朱可夫、巴顿、布莱德雷、麦克阿瑟、马歇尔。还精选了世界近现代的臭名昭著的枭雄悍将，他们是希特勒、墨索里尼、东条英机、曼施坦因、古德里安、隆美尔、山本五十六、川岛芳子。

我们精选编撰这些世界巨人的传记，主要以他们的成长历程和人生发展为线索，尽量避免冗长的说教性叙述，而是采用日常生活中丰富的小故事来表现他们的人生道理，尤其着重表现他们所处时代的生活特征和他们人生追求的完整过程，以便引起我们读者的深深思考。

同时，值此中国人民抗日战争暨世界反法西斯战争胜利70周年之际，我们主要精选编撰了"二战"时期的世界著名巨人的传记，相信具有特别的深刻意义。广大读者阅读这些"二战"巨人传，能够加深对"二战"有关人物命运与世界和平等问题的思考，能够起到铭记历史、警示后人的重大现实和历史意义。

第二次世界大战是人类社会有史以来规模最大、伤亡最惨重、造成破坏最大的全球性战争，也是关系人类命运的大决战。这场由德、意、日法西斯国家纳粹分子发动的罪恶战争席卷全球，世界当时人口总数的80%约20亿人口受到波及。

通过全世界广大人民的艰苦奋斗，特别是通过代表对垒双方巨人斗智斗勇的较量，终于正义战胜了邪恶、和平战胜了灾难，人类迎来了新的希望。在这场人类命运终极大较量中，人类的高超智慧和巨大力量，简直表现得淋漓尽致。特别又是集中体现在对垒双方代表的巨人身上，那更是智慧和力量的化身。因此，我们广大读者阅读这些世界巨人的传记，一定能够获得智慧的神奇力量。

目　录

第一章 少年早熟

　　树立起自信心和勇气，千万不要自己把自己打倒在地，那将是一件非常可悲的事情。

——亚伯拉罕·林肯

弗吉尼亚的风流韵事

据史料记载，当年最先将猪、鸭和纺车带进肯塔基州的人是哈洛德堡的安·麦克金迪和她的丈夫，而且，在那块充斥着血腥与暴力的野蛮之地，安·麦克金迪还是第一个制造出奶油的女人。不过，这些并不值得一提，真正让她在当地出名的还是因为她创造了一项经济奇迹，这个发明显示出安·麦克金迪的聪明才智。

在他们进入那块神秘的印第安地区的时候，那地方几乎没有布料来源，不产棉花，

◀当律师时的林肯

也无法买到棉花。不时光临的大灰狼又常常叼走绵羊。于是，安·麦克金迪利用当地盛产的荨麻和野牛毛做原料，纺成一种布匹，人称"麦克金迪布"。

于是，当地的主妇们跋涉150公里，前来向她学习这种了不起的新发明。这些女人边纺织边聊天。在纺织荨麻和野牛毛的同时，也纺织出许多闲言碎语。就这样，安·麦克金迪的家很快就成了公认的绯闻交流中心。

"私通"在那时是一个会被起诉的罪名，非婚生子更是一桩恶行。安·麦克金迪尤其喜欢向大陪审团揭发私通的少女。这也许是因为她的生活中没有多少新鲜事可以满足她的好奇心，于是揭发别人的私通就成了她生活中惟一的乐事。

在哈洛德堡的法庭文件中，多次出现某位少女"被安·麦克金迪密告私通……"的记录。例如，在1783年春天的17个案例中，私通案就占了8例。

在1789年11月24日的一份诉状中，就记载着：

"露西·汉克斯犯私通罪。"

这并非露西第一次被控告。多年以前，第一桩风流事发生在弗吉尼亚，只有一些不完整的记录留了下来。

在弗吉尼亚州的拉帕汉诺克河和波多马克河之间的狭长地带，居住着汉克斯家族、华盛顿家族、卡特家族、李氏家族和芳特洛依家族等名门望族。每个星期天，这些高尚世家的人都到教堂做礼拜，汉克斯一些穷困而且不识字的人家，也和这些大户人家一样去教堂做礼拜。

1781年11月，华盛顿曾经请法国名将拉法叶将军在一个星期天到教堂参加礼拜。因为，在此前一个月约克城的战斗中，拉法叶将军协助华盛顿将军把英国总督康华里斯的军队一举击败。因此，这里的人们纷纷翘首以待，渴望一睹英雄的风采。

那天早晨，当最后一首圣歌声音落下，并且宣读完圣体降福祷文后，教堂内做礼拜的人们纷纷走上前去，同两位英雄握手致意。

这位拉法叶将军除了军事战略与国家大事方面的兴趣以外，还有个特殊的爱好：非常喜欢美丽的少女。每当向其介绍他所欣赏的女孩时，他总要献上一吻，以表问候。这一天早晨，他所引起的公众的热情远远超过了牧师的布道。在基督教堂前，他吻了七个女孩，而露西·汉克斯就是这七个幸运女郎之一。

这一吻非同小可，比起拉法叶将军替美国人打的所有战役而言，其产生的影响或许还要大。

在那一天的听众里，有一位富有的农场主，他还是单身，他早已知道汉克斯一家是贫穷的文盲，地位远不如他。他觉得，拉法叶将军这天早晨在吻露西·汉克斯的时候，好像比吻别的女孩时更加热情。

这位农场主打心眼里钦佩拉法叶将军的军事才能和欣赏美人

的眼光。从那天以后，他开始梦见露西·汉克斯。他知道，许多出名的美女也都出身寒微，其中有的还不如露西。杜巴瑞夫人就是极好的例子，她是汉密尔顿夫人和穷裁缝的私生女。这个杜巴瑞夫人几乎目不识丁，可她却通过路易十五操纵着法国。农场主想到这些令人欣慰的历史，觉得自己的想法也高贵了许多。

星期一一整天，他都在考虑这件事。第二天一早，他骑着马来到汉克斯一家居住的小泥屋前，雇佣露西去他的农场当女仆。他本来有了许多仆人，这回特地雇露西，只是让她干点轻便活。

在当时，弗吉尼亚州的富有人家都送儿子去英国读书。露西的主人当年曾上过牛津大学，他回美国的时候还带回很多珍贵的图书。他有一天去书房，发现露西手里拿着块抹布，正坐在一边聚精会神地看一本史书的插图。

这事已逾越了做仆人的本分。但主人非但没有呵斥，反而关上房门，坐下来为她讲解起来。她兴味盎然地听完之后，竟然提出要学写字读书！

弗吉尼亚州在1781年还没有免费的学校，这个州的地主几乎有一半连自己的姓名都不会拼写，转让土地所有权时是画一个记号作为凭据。

可现在，这个女仆居然提出要学读书和写字！全弗吉尼亚州心肠最慈善的人，即使不将之视为大逆不道，也会认为这有点过于荒谬了。不过露西的主人却兴致勃勃，他愿意教她。

当天晚饭过后，他就在书房里开始教她识字母。过了几天，他就抓着她的手教她写字了。这种主仆间的教学持续了很长一段时间。说句良心话，他教得棒极了。从留存至今的她的笔迹上来看，她的花体字写得很自信，很有神，富有个性。这样的成绩可以说是不小了，因为就连当年乔治·华盛顿等人的拼写也并非无可指责。

到了晚上，上完课以后，露西和老师并肩坐在书房里，炉火烧得正旺，森林的那边，一轮月亮正缓缓升起……她爱他、信任他，也许正因为对他过于信任了，以后的几周内，她睡不香、吃不好，变得极其忧郁。到了再无法隐瞒的地步时，她只好实言相告：她怀孕了。

虽然他考虑过娶她为妻的事，但一想到家庭、朋友、社会地位，以及种种随之而来的麻烦事，他终于退缩了。而且他已经有点厌烦她了。最后，他给了露西一笔钱打发她走了。

几个月过去了，人们对露西指指戳戳，还故意躲避她。一个礼拜天的早晨，当露西抱着婴孩走进教堂的时候，教堂内一片骚动。那些正做礼拜的良家妇女极其愤怒，有人站了起来大声怒斥："把那娼妇赶走。"

她的父亲不愿再看到女儿受人侮辱。于是把仅有的一点财物装上一辆篷车，穿过荒野路，越过康伯兰山口，在肯塔基州的哈洛德堡定居了下来。那里可没有人知道他们的过去。但白皙丰满的露西魅力依旧，她可是个美人儿。男人们千方百计、挖空心思接近她，讨她的欢心。她再次堕入爱河，再一次失足。于是，有人在安·麦克金迪家里讲起她的事。像这一类新闻，总是比什么事都传得快。如前所述，大陪审团以私通罪起诉露西。但警长却把传票塞进了口袋里，骑上马打猎去了。

这是11月的事。第二年3月里，有个妇女又状告了露西这"轻佻的女人"，要求法官判她有罪。法庭于是开出另一张传票，不料露西却把传票撕碎，一把甩在了送票人的脸上。法庭在5月要开审判会，这一次，露西差一点被强拉进法庭，幸亏这时一个年轻人出面了。

年轻人就是亨利·史帕罗。他对露西说："露西，我爱你。我不在乎别人对你说三道四，我愿意娶你为妻。"

但是露西不愿意让当地人说史帕罗是出于同情与她结婚的。她说："我们再等一年吧，亨利，我要向所有人证明，我可以过上正常的生活。一年后如果你还要我，请你来吧，我会等着你。"

1790年亨利·史帕罗拿到了结婚许可证，因此就没有人再提法庭传唤露西的事了。一年以后，他们结了婚。露西在人面前抬起了头。虽然安·麦克金迪等人还在摇头，断言他们的婚姻不可能持久，亨利·史帕罗也和妻子商量要再西迁，但露西却坚决不走，决心在哈洛德堡生活下去。

她说到做到，而且养育出八个孩子，其中两个儿子做了牧师，她的一位外孙当上了美国总统。他的名字叫亚伯拉罕·林肯。

上文所叙述的，是有关林肯较近祖先的介绍。林肯自己对有着良好教养的弗吉尼亚外公非常敬重。

威廉·H·荷恩敦曾经和林肯合开过律师事务所，并且在一起工作了21年。他于1888年出版了三大册《林肯传》。在第一册的第34页上，威廉·H·荷恩敦写道：

我记得林肯先生对于他的祖先，只向我提过一次，那大约是1850年吧。那时，我搭他的单骑小马车外出，前往伊利诺州的梅纳德郡县法庭，那次我们要处理的诉状中涉及遗传方面的问题，于是他说起了自己的母亲。他说，他母亲是露西·汉克斯和一位弗吉尼亚农夫绅士的私生女。

他认为，自己的推理、判断能力以及顽强的上进心与汉克斯家族的后辈大不相同，而这些禀赋都从他的外公遗传而来。他还认为，私生子往往比一般婚生子机灵、强壮。很自然地，他回忆起了去世的母亲。

马车摇晃着向前走。他神情黯然地说道："愿上帝保佑我的母亲，我一生中所拥有的，以及所期望的一切，全都来自于她。"

一路上我们再也没说一句话。从他沉湎于悲哀的表情可以看出，他正沉浸于往事之中，那是我不能私自闯进去的禁地。但当时他那忧郁的话语、凝重的神情，我一辈子也忘不了。

出生在平民家庭

1809年2月12日，天刚亮的时候，在美国肯塔基州哈丁县的霍詹维尔附近的一间小木屋里，托马斯·林肯的妻子南希的临产阵痛已经持续了很长一段时间，却没有任何进展。他们知道情况不妙，就立即请人去找接生婆。

在当时，这个地方的医生非常之少，因此，有经验的接生婆非常受大家的欢迎。

出去找接生婆的人还没有回来，现在该怎么办呢？这附近根本就没有人能帮助他们。

托马斯和太太很清楚，现在他们必须独自面对一切。此时此刻，他们所能做的也只有祷告，把这件事交在主的手上，他们相信上帝不会让事情这样收场的。

一阵剧烈的阵痛向南希袭来，豆大的汗珠从她头上滚落。就在这最危机的时刻，接生婆终于来了。

生产的过程很辛苦，消磨了大半夜时间。不过产妇和接生婆的辛苦总算没有白费，南希生的是一个健康的小男孩。

这个小男孩，就是在52年后成为美利坚合众国第十六任总统的亚伯拉罕·林肯。

▲林肯总统

亚伯拉罕·林肯的父亲叫托马斯·林肯。托马斯1778年出生于一个农民家庭，1795年到1802年在各地干过各种工作，包括鞋匠和木匠的工作。他先后搬到肯塔基州、印第安纳州和伊利诺伊州，都是做农民。他和当时的大部分美国农民一样，一边耕作，一边做点小买卖，比如往哈丁县和新奥尔良贩运一些货物。

在托马斯·林肯28岁时，与23岁的南希·汉克斯结婚。南希·汉克斯是由她的姨妈和舅舅带大的，她没有上过学。大家都知道她不会写字，所以，契约上的签名她也和其他女人一样，只能用符号代替。

南希·汉克斯居住在树林深处，周围没有朋友。当她长到23

岁时，嫁给了一个下层连自己名字都不会写的男人。那是一个乏味而无知的体力劳动者和猎手，名叫托马斯·林肯，但是，林子周围的居民都习惯地称他为"犄角林"。

第二年，他们夫妻生下了第一个孩子，取名为萨拉。到了亚伯拉罕·林肯出生后不久，托马斯·林肯很快就搬了家。

托马斯所买的二百多亩土地就在诺布溪畔附近。在邻居的帮助下，托马斯修建了一所带阁楼的房子，这时小林肯快3岁了。

两个孩子快到上学年龄，但托马斯当然是不太情愿，他觉得对他那样的拓荒者来说，读书是没有多大用处的，他们只要勤快、会做事就行。事实上，两个逐渐长大的孩子也确实成了父母的好帮手。

在南希的坚持下，他们的孩子还是来到了学校。学校离家有3公里远，孩子们在那里读书并练习写字。当时的课本是由韦伯斯特编写的，做练习则通常是用木炭进行东涂西抹。

当小林肯拿起一根木炭写出自己名字的时候，托马斯相当得意，因为当地的传教士也有不会签名的。

小林肯生活在贫寒的平民之家。寒冷的冬天到了，凛冽的寒风横扫过平原，参天大树的枝干被吹得左摇右摆，有些树枝已被狂风吹断。刺骨的冷风呼啸着钻进屋里，令人瑟瑟发抖。

然而，托马斯·林肯一家好像什么都没听到，对这一切他们早已习惯。劳累了一天，一家人实在太疲惫了，好像已沉沉地睡着了。

狂风掀起壁炉上的一块砖头，把它甩到墙角。这时，只有4岁的小林肯被惊醒了。他和姐姐并排枕在一个用装满树叶的口袋做成的枕头上。好冷啊！好想躺在妈妈温暖的怀抱里，他越是这样想就越觉得浑身打颤。

可是小林肯不想叫醒妈妈，她睡得多香甜啊！辛苦劳作了一天，这个时候是妈妈唯一能休息的时候。于是，他决定自己想办法。他从木头架子上拽下了一条围巾，把它塞进了墙上的裂缝里，这下暖和多了。他钻进狐狸皮做成的被子里，一会儿就进入了甜美的梦乡。

小林肯靠墙睡，因为姐姐对寒冷更加敏感，如果冷风从墙缝吹进来，姐姐就会冻得哆嗦，而他自己则骨骼粗壮、结实，靠墙睡对自己来说不会有什么大问题，冷风吹点儿也没事儿！

进入梦乡的姐姐总是把那张狐狸皮往她那边拽。这张狐狸皮是爸爸不久前打死一只狐狸得到的，盖在身上很暖和。熟睡中，姐姐使劲地揪住狐狸皮不放，小林肯怎么也拉不过来。

天冷极了。姐姐紧挨着他，他能看得到姐姐的手、耳朵和压乱了的头发。因为他俩的腿紧紧地裹在狐狸皮里，所以他还能触到姐姐的脚。壁炉里的炭火在小屋里泛出一线光亮，只有这丝光亮陪伴着醒来的小林肯苦读寒夜。

在黑暗中，小林肯看到，就在离自己很近的地方，有什么在发光，金光闪闪的，就像妈妈讲过的天堂里的宝贝一样。哦！小林肯心想，是那只大大的铁皮桶吧！每晚，妈妈都要提它到河边打上满满一桶水。

那边墙上还有个东西，在闪闪发亮，嗯！那肯定是爸爸的斧头，孩子们是不准随便乱动的，因为大人们说它很锋利，一下子就能砍掉一根手指。

就在那斧头的下面，爸爸紧挨着妈妈睡着，今天他又在很响地打着呼噜。小林肯知道，家里还有一本书，那是《圣经》，妈妈经常给他和姐姐讲那里面的故事。

不一会儿，懂事的小林肯便进入了甜美的梦乡。

威廉姆·赫尔顿后来是林肯做律师时的合作伙伴，他们两人合作了21年，可想而知，他对林肯的了解比别人更多一些，他后来所写的林肯传记中有大量关于林肯身世的内容：

　　谈起他的祖先及其渊源，在我的印象里林肯就此话题只说过一次。那是在1850年，我们俩共乘一辆马车，赶往伊利诺伊州的蒙纳德县地方法庭。我们起诉的案子在审理中败诉的几率微乎其微。

　　途中我俩的话题转到了遗传特性方面，他第一次向我谈起了他的母亲，他讲述了母亲的性格特点以及他本人在哪些方面有所继承。除此以外，他还提及母亲是那受过良好教育的弗吉尼亚种植园主的私生女。

在探讨遗传问题的过程中，林肯有自己独特的见解，他说："私生孩子通常比婚生孩子表现得更加顽强和聪颖。"就他的家世而言，他相信自己身上那些优良品质多数来自于那位见多识广却不知其名的弗吉尼亚人。

揭开家底无疑是刺痛伤疤，尤其是回顾自己的母亲。随着马车一路颠簸，林肯无限惆怅地补充说道："愿上帝保佑妈妈的在天之灵！我所做过的一切还有将要去做的事情，都是为了报答我的母亲。"

说完，林肯开始沉默，我也不再问什么，我俩的思想交流也至此结束了。他独自沉浸在对家世的痛苦回味当中。那种凝重的气氛使我不敢再多说话，此次经历和他那充满悲凉的语调令我永远都无法忘怀。

帮母亲做家务活儿

每到寒风凛冽的早晨，妈妈就会生起炉火。很旺的炉火驱赶着从墙缝钻进屋来的灰蒙蒙的寒气，屋里暖洋洋的。

妈妈站在炉火边，往牛奶锅里对热水。小林肯知道，原本家里的三头奶牛，如今死了一头，妈妈不得不这么做。爸爸这会儿肯定去牛棚干活了。

这些事情，细心的小林肯都清楚，因为他总是留意观察周围发生的一切，想尽自己最大的力量帮妈妈多做些家务活。

这会儿，小林肯坐在那儿一言不发地看着妈妈，因为清晨在妈妈忙碌的时候，不管他提什么问题，她都不会回答。

小林肯慢吞吞地，玩耍似的套上皮裤子、夹克和鞋袜。他的这些衣服都是用生皮子做的，是爸爸从水牛身上扒下来的皮子，是由妈妈一针一线缝制起来的，他们一家人都穿的是这种衣服。

皮衣穿上了，牛奶也煮好了。小林肯想，啊！现在喝下去一定很暖和！

小林肯想，唉！如果再能拿那边的那个铁皮桶玩一会儿就好了。可是这种铁东西是不许乱动的，爸爸要用一颗钉子把它做成筛子或锉床。人们用锉床磨树根。孩子们只能玩木头，因为妈妈说，这周围的树林一眼望不到边，木头应有尽有。

"妈妈，哪天是星期天？"小林肯蹲在火边问道。妈妈笑了，她知道，儿子是想吃白面包了，因为只有在星期天她才会烤这种面包。

妈妈伸手从那个孩子们够不到的木板上拿下最后一块面包，切下一小片递给林肯。看着自己可爱的孩子端着小铁杯子蹲在那儿，把面包小心翼翼地蘸到牛奶里去，妈妈弯下腰怜爱地吻了吻亲爱的儿子。

小林肯吃完后，又试探着把沾着面包渣的小手向妈妈伸过去，期待着妈妈能再给他一片。

小林肯打量着妈妈，心中嘀咕着：妈妈为什么那么难过？他想问，却没有问出口，他仿佛知道那样做，妈妈会受不了。

也许就是从这一刻起，小林肯就已经学会了忍耐，他已经长大了。

母亲现在走到桌子那边去了。从桌子的下面能看出，这桌子是一截巨大的树干，桌表面还算光滑，可一不小心，就会有刺扎到手上，会流血的。那样，他们准会挨父亲的骂。

这时，姐姐也已经穿好了衣服。

吃完早饭后，两个孩子就开始帮大人们干活儿了。两个孩子被母亲打发到工具棚里拿木头。

别看小林肯年龄不大，却已经能干许多孩子都干不了的活儿了，比如怎样区分新伐的木头和干木头，硬木头和软木头。而且能把不太粗的树枝掰断。

他们姐弟两人来来回回几趟之后，就把一小堆木头搬了过来。

这时，母亲把一口大锅放在四角架上开始做饭。孩子又穿梭于木屋和小院之间，抱来许多野草。

当时的西部，盐是极缺的，但如果粥里不放任何调料的话，还有谁愿意喝呢？

在肯塔基州的中部，新大陆的一半地区都处于一种野蛮的蒙昧状态，就如同两千年前一样，为了能够种植玉米，猎捕野物，农场主们用他们的斧头砍伐着无边无

▲林肯在办公

际的森林。

这里是最贫瘠的一块土地，人们甚至称它是荒原，连附近那个水源不久前也忽然消失得无影无踪了。于是父亲改行成了猎人。

时近中午，一听到狗叫，孩子们就欢快地跑到门口去迎接，常会跟背着猎枪和野兔的父亲撞个满怀。

父亲面色黝黑，留着胡子，身材高大，略胖。身上穿的都是他自己打猎得来的兽皮。父亲原本是个木匠，经常给周围的邻居们做些常用的家什。但比起干木匠活儿，他更喜欢打猎。

小林肯受父亲的影响，小时候喜欢打猎，他第一次开枪打死了一只野鸡，他并不快乐，从此就不再打猎了。

看着他在炉边坐下，吃起妈妈做的饭菜，小林肯忽然觉得：其实妈妈的家务活儿，要比父亲外出打猎辛苦得多。他帮妈妈做家务活儿的信念更强了，也变得更勤快了，他帮助母亲搬柴、提水、做农活等，这培养了他一生勤劳俭朴的性格。

▲林肯画像

别开生面的启智"游戏"。

在从众多的传记和史料里我们不难寻觅到，许多大人物、成功者，在他们的孩提时代，或在后来的人生历练中，总有一些特殊的因素，那就是有过某种启迪或激发，受过某些引导和培训。

这种特殊的经历，培养了他们坚强的性格。这种性格是他们日后走向成功的巨大精神力量。

美国最优秀、最杰出的总统之一亚伯拉罕·林肯，就是一个颇具代表性的例子。

小林肯的家虽然一贫如洗，可是，他有一位疼他、爱他并企望他长大后能有所作为的母亲。

就在小林肯刚刚上学时，他的母亲就因势利导，开始着重培养他的耐心和毅力了。

在一个暑假里，林肯的母亲曾给懵懂初开的小林肯策划过一次别开生面的启智"游戏"。整个过程是分三个场地、三个步骤连续进行的。

首先是在烈日下海边的沙滩上，用心良苦的母亲在预先划定好的区域里撒下近万粒大豆。让小林肯务必一粒不剩地如数捡回来。母亲记录着这些大豆的数量。

烈日当空，细沙松软，稍不留神，就有把细沙表面上的大豆踩入沙中的可能。

刚刚懂事的小林肯，好不容易抱着容器回到母亲身边，但是一报数竟然不对，有时差三粒，有时差两粒，这时，他就只得再回到原来的沙滩上，耐心细致地重新寻找和捡拾。

据说，小林肯捡着捡着差点儿晕倒在滚烫的沙滩上。经过无数次的捡豆子，小林肯终于完成任务了，然后他才能喝上一杯茶水。接着，就要进行下一个环节的启智游戏了。

这个环节的游戏内容就更需要耐心、细心和韧性。恨铁不成钢的母亲发给小林肯3000枚针眼儿特别细小的绣花针，且必须在改换场地的行进着的马车上，把它们一一穿在一根又细又软的丝线上，完不成任务就不准下车。

小林肯被这样的训练搞得眼花缭乱、头昏脑涨、叫苦不迭，还不止一次地扎破了自己的手指。

可是，为了不让母亲生气、为了能继续进行下一轮的游戏，小林肯咬着牙、瞪着眼，硬是把所有的不显眼的绣花针穿成了非常漂亮的一长串儿。母亲看到儿子的成功，心里非常高兴。

第三个环节的游戏紧接着就开始了。他哪里知道，这个叫作"为岁月签名"的游戏听起来特别有意思，但是做起来就不那么轻松了。

母亲选在一个赤日炎炎的午后，在热辣辣的广场上，小林肯左手提着水桶，右手握着羽毛笔，用清水先把自己的姓氏在平整光滑的大理石地面上认真书写365遍，再把自己的名字认真书写365遍。母亲要求他，能写多大就写多大，能写多好就写多好。

　　如火的太阳灼烤着大地。大理石地面上的字随写随干、随干随写，小林肯先是弯着腰写，后来又蹲下写，再后来索性坐下来写，他的脸上胳膊上滴下的汗水多次让笔下的字迹多上一点或几点，令人哭笑不得。

　　可是，到了最后，小林肯似乎进入某种状态，他竟然忘记了艰辛和干渴。

　　说来奇怪，小林肯写够数了，还想再多写上几遍，因为他欣喜地发现，自己的字体居然发生了根本的变化：手腕运力越来越自如，自己的名字越写越流畅，也越写越好看了。

　　这样的训练看似有些不近人情，其实这正反映了一位母亲的爱。三步走游戏结束后，母亲语重心长地告诉他："无论生活和工作中，许多不能成功的例子，都是因为浅尝辄止、半途而废，失去应有的耐心而造成的。耐心是考验一个人毅力和意志的试金石，耐心是成功和失败的分水岭。"

　　"无论从事什么行业或事业，谁持之以恒、耐心细致、锲而不舍，谁就是最终的成功者。"

　　意犹未尽的母亲，还绘声绘色地举例说："看到了吧！拥有耐心和毅力、经过千辛和万苦，连自己的签名也会变得流畅潇洒、变得与众不同，变得超脱和大气。"

　　小林肯把母亲的话牢牢地记在心里。也许，就是基于这种非同一般的心灵启蒙，林肯才有了百折不挠、入主白宫的非同凡响的奋斗历程和人生凯歌。

新奇艰辛的搬家旅行

1814年初，托马斯被哈丁县议院任命为乔纳森·约瑟夫的财产估价人，因而他已逐渐成为这一带受人尊敬的人。

然而好景不长，他的满意状态没能维持多久。1816年冬天来到的时候，一份收回土地的公文引起了他的迁徙欲望，因为他付了钱的土地没有地契，最后被当作擅自占地者。于是，托马斯一家便举家迁往印第安纳州。

8岁的林肯对这次搬家旅行感到新奇而艰辛。从3岁起他的足迹便从来没有踏出过诺布溪畔。当他们一行渡过俄亥俄河的时候，就离开了肯塔基而踏上了印第安纳的土地。

印第安纳很快就成了美利坚合众国的第十九个州，一个不蓄奴的自由州。1811年，"新奥尔良"号在匹兹堡下水，这艘蒸汽动力船开始了俄亥俄河与密西西比河的轮船时代，尽管平底船仍大量地在河上来往穿梭。

　　大量的移民向西涌来，后来一个英国来访者甚至感到"旧美国似乎正在解体并且开始向西迁移"。在这样的背景下，一些印第安人部落的土地被大量地割让给政府，那种每一棵树后随时可能冒出一个印第安人来杀害开拓者的情况没有了。

　　每亩土地也只要两美元，而且可以赊账购买。一些人甚至不等庄稼成熟就把他们的家当撂上马背，雄心勃勃地向西而去，而将他们耕种的成果留给别人收获。在汤姆逊渡口，轮船上突然冒出的白色蒸汽使林肯和萨拉欢呼雀跃。这个拓荒者的集居地人来人往，是他们所见过的最热闹的地方，他们是该高兴一下了。然而很快，他们将要面对的是一段令人备感艰难和恐怖的路程。

▲年轻时的林肯

　　他们不得不披荆斩棘，清除岩石，甚至还要砍倒那些高大的橡树、榆树之类，因为必须将路弄宽点以便行车。好在这时丹尼斯·汉克斯来了，他是南希姨妈的儿子，比林肯大10岁左右，因而成为开路的主力。晚上，即使燃起了篝火，美洲豹或者狼也在不远处嗥叫。他们到达鸽子溪后，紧张的神经才松弛下来。

12月初，冬雪开始纷纷扬扬，托马斯来回走了几趟，他选择在开阔地带搭起了一个帐篷，四周只有一面敞开，他在敞开那面燃起篝火，用以御寒并抵御猛兽。然而，风霜雨雪日夜侵袭着这个拓荒者简陋的新居。

他们的居住地离水源较远，加之食物很少，没有水果，没有蔬菜，没有的东西太多了，这更使人感到艰辛。

林肯一家子整个冬天就像狗一样蜷缩着在茅屋的角落里睡觉，把树叶和兽皮堆在自己身体上取暖。

托马斯也养了几头猪，但是林子里的熊也很饿，猪崽全被它们逮住吃了。开路的时候，那辆巨大的挂车现在看起来实在太小了，它实在没能装下多少东西。

幸好托马斯颇有些狩猎的本领，而印第安纳林子里的野兽显然是比他们的粮食多得多了，它们几乎成了主要食物。鸽子溪野鸽众多，野鸡、野鸭成群，还有鹿，甚至可以打到熊。

春天来了，他们的木屋盖好了，忙碌的日子也来到了。托马斯把在这里购买的160亩土地都种上了玉米。

一年过去了，全家的辛勤劳动获得了丰硕的成果。这一年，他们为所购土地付了一部分钱，而且申请了购地证明书。

他们再也不会像在肯塔基那样为土地打莫名其妙的官司了，这使他们感到快慰。尤其令南希觉得快乐的是，这年秋天，她的贝特西姨妈一家也来到了这里，他们是对她最为关心而使她感到最亲的亲人。生活在逐渐增加亮色，亲人们对生活满怀信心。

秋天快要过去的某一天，父亲托马斯从外面回来大声嚷道："南希，你出来看看，我打到一样好东西。"

"你用手指头摸摸这野兽的毛！你看，这毛有多厚！"说着，把那头鹿"砰"的一声从肩头上丢到地上。

"真的！这简直像狐狸毛，怎么长得这样厚啊！"

"你可懂得是什么道理吗？看这样子，今年这个冬天，恐怕会冷得不容易熬吧！"

这时，林肯跑了过来："爸爸，鹿怎么会知道今年的冬天会特别冷呢？"

"鹿当然不会知道！"

"那么，它既然不会知道，为什么在身上会预先长出一身那么厚的毛来呢？"

"这归根到底，就是所谓动物的本能。"

"什么？本能是什么？"

"那就是神在无形中让鹿知道的，知道今年的冬天会特别冷，除了神以外，再没有第二个人能先知道了。"

"原来是这样。不过，爸爸，如果我们人跟鹿一样，身上会长出毛来，那就好了。"

"哈哈！人身上长不出那么长的毛，所以，就得趁早做种种防寒的准备。"

从这天起，林肯全家，不管是妈妈南希，还是林肯，大家都在那里砍树、劈柴，为度过寒冷的冬天做准备。

这一年的冬天，果真比往年冷得多。呼呼的北风，一阵阵地掠过河边的平原，从荒野里一直刮到小木屋里来。接着，鹅毛般的雪片，漫天飞舞。到了晚上，雪下得更大了。

寒冷的夜晚狼叫的声音，从远处一阵阵不断地传来，可以听得很清楚。拴在马圈里的那匹马，突然不安地跳了起来。

"林肯，别出去，看样子是熊来了！"父亲说着，一只手提着枪，跑了出去。借着灯笼的光亮，林肯向外面偷偷地望了望，只见雪地上很清楚地留着一个个熊的脚印。因为下雪，所以找不到东西吃的熊就跑来打那匹马的主意。

"哎呀，真可怕！"林肯一面说，一面躲到母亲怀里。

不过，这讨厌的冬天，并不怎么长，到了3月，雪就逐渐融化了，小草也慢慢地探出头来。

▲林肯

难忍流血和杀戮

一天晚饭时，表兄丹尼斯来了，"丹尼斯，你来得这么早！好，等一会儿就去。林肯，你快吃，吃好了，带我们到那个鹿常来喝水的水潭那去！"父亲向丹尼斯打着招呼。

小林肯一听，知道这下糟了，父亲又要去打猎了！而且，父亲一说完，就马上站起身来，取下了挂在墙壁上的一支枪。林肯知道已推托不过去，只好懒洋洋地跟在他俩的后面走。

这是一个月明如昼的夜晚。池沼里的水，像镜子般地发出闪烁的光芒，清清楚楚地映照出河岸边杨柳树的影子。三个人躲在草丛里，耐着性子守候着。

一会儿，一只母鹿带着小鹿走了过来。林子里是那么静寂。全身笼罩着月光的鹿群，比图画还美。

"哎，那大概是一只母鹿。"亚伯拉罕这样想。

那只母鹿竖起耳朵，迎着风，伸出它的鼻子，在那里嗅着。

他们三人躲在下风的位置，所以母鹿没能发现他们。

林肯很想出其不意地大吼一声，使那只鹿逃走，可是已经来不及了！"砰！砰！"枪声响过，躲在树荫里的雄鹿，就一溜烟似的逃进树林里去。

那只母鹿在跌跌撞撞地摇晃了一阵以后，就翻身倒在地上了。那只小鹿也吓得急忙逃走。可是，它因为舍不得母亲，又在母鹿旁边出现了。

林肯看见丹尼斯和父亲两个跑了过去。父亲手里的一把刀，在月光下闪闪发光。这时，林肯低下头，拔腿就跑，他觉得仿佛有一只铁臂扼紧他的胸口。那是头母鹿啊！他一面跑，心里一面这样想。

"咦！亚伯拉罕呢？跑到哪里去了？"父亲一面把那只倒在地上的母鹿背了起来，一面向周围探望。

"跑掉了啊！这家伙心肠软得很呢！"

两个人把猎物扛在肩膀上，一路说着话往回走。

"是啊！他的心肠越来越软了。看来要他动手杀鹿的话，他是不肯干的，他还是情愿吃蔬菜的好。"

"这样说来，他是不会吃鹿肉的了？"

"没有别的东西好吃的时候，他还是会吃的。像他这样怕见流血，实在少见。他一定是在这头鹿被打中的时候逃掉了的。"

"我自己何尝不觉得难过。可是，吃的东西是少不了的！而且，皮裤也不能不做。像亚伯拉罕那样软心肠的话，那一切都完了！"肩上扛着小鹿的丹尼斯这样说。

"就因为这个缘故，我老替他担心。要是不能打猎，怎么能够做庄稼汉呢？而且，每到晚上，他总爱在烤火堆旁边练习写字。他喜欢捡那些烧剩的木炭，在木板上写字。"

"这样说来，他大概是要当牧师吧？"

"哪里？他读《圣经》，是为了要认字。因为除了《圣经》以外，家里再也没有别的书好读了。"

"那就让他读书，将来到学校里去教书，这也是个办法。"

"哈哈！这种乡下地方，从哪里学得到这教书的本领呢？我的意思是让他当个樵夫，去打柴算了。这孩子虽然年纪不大，力气倒着实有一点。斧头在他手里，使用起来倒蛮在行呢。"

一天，比亚伯拉罕大两三岁的奥斯丁来找亚伯拉罕。"亚伯拉罕在家吗？我们到林子里的运河玩呀！"

"奥斯丁，你等我一下，我去告诉妈妈一声就来。"亚伯拉罕走进了小木屋，一下子就跑出来，对奥斯丁说，"好，走吧！妈妈答应让我去了。"

两个孩子手牵着手，跌跌撞撞地跑下山去。这时已是5月，田野里也到处开满着各色花朵。亚伯拉罕很喜欢花，可是，他更喜爱小鸟。花是不会动的，小鸟却会蹦蹦跳跳，还会在枝头上飞来飞去；花总是保持沉默，小鸟却会唱出好听的歌来。

"别作声！"亚伯拉罕忽然捂住奥斯丁的嘴巴，可是，已经来不及了，枝头上一只红色的小鸟飞走了。

"亚伯拉罕，算了，捉什么鸟，到河边去玩吧！"

"不行！在没到6月以前，河边不能去，因为河水太凉。"

"没关系。我昨天还到河里去了呢！河水一点也不凉。"

"真的不凉吗？"

"当然是真的。"

他们一路说说笑笑，来到了小河边。河水在碧绿的树荫笼罩下，从雪白的小石子上流过。

"真的，这河水一点也不凉。"

"怎么样，很痛快吧？"

两个人正在小河里玩得起劲时，隐约看到对岸的岩石上，有个银白色的东西在动。奥斯丁突然喊道："嘿，四脚蛇！"

"啊！在哪里？"亚伯拉罕抬起头来张望，可是并没有看到，只听见从对岸的草堆里，传过了一阵声音。

"亚伯拉罕，我们到对岸去看看，好不好？"

"可是，这是一座独木桥。"

"你怕这座独木桥？胆小鬼！你看着，就这样爬过去。"

奥斯丁说着，就把身体趴在桥上，慢慢地爬过桥去。

"亚伯拉罕，没有关系，赶快爬过来！"

"嗯！"亚伯拉罕迟疑了一下，最后还是下了决心，照着奥斯丁的样子，也爬了过去。可是，当他快要到达对岸的时候，双脚一滑，"扑通"一声，就跌下河去。

这可真把奥斯丁吓坏了，大声喊道："亚伯拉罕，喂！往这边来，这边！你抓紧这个！"

奥斯丁急忙从岸边的石头上，伸过去一根竹竿。亚伯拉罕拼命抓住那根竹竿。两个人都在那里拼命挣扎，结果总算一个也没有淹死。可是，两个人都已成了落汤鸡！

奥斯丁说："糟糕透了，这可怎么办呢？"

"这样回去，一定会挨骂的。"

"要是只挨一顿骂，那倒也没有什么，你家里的人，会不会打你？"

"难说，我爸爸好严厉呀！"

"这样，我们就只好找一个晒得到太阳的地方，去把衣服晒干。走，亚伯拉罕。"

两个人就沿着小河，往下走去，一直走进一片砍掉了树的空地。这里，温暖的阳光，把整个草原照射得十分耀眼。于是，两个人赶忙把那湿透了的衬衫和短裤，一件件挂在树枝上去晒，两个人都脱得赤条条的。

奥斯丁说："我说，咱们爬到树上去玩一会，好不好？"

"好啊！你打算玩什么？"

"要不，就装蛇算了，蛇不会流什么血的。"

"可是，我曾经看到过一条吞下了青蛙的蛇，因为它吞的那只青蛙，实在太大，弄得上气不接下气，简直快要憋死了！所以，蛇我也讨厌，还不如做枭鸟好呢！"

"可是，枭鸟的窝很臭呢！好啦！我想到了一样好东西！你就装作松鼠吧！"

"松鼠的确很可爱，不过它是个大傻瓜！老是竖起那条大尾巴，很容易被人发现，叫人家给弄死。我想，我还是做青蛙吧！"

"不错，青蛙很聪明，老藏在树底下，谁也找不到它。"

这两个赤身裸体的孩子，就这么决定了。

"不过，这件事，我们必须绝对保密！"奥斯丁说。

商量妥当以后，这两个赤裸的"青蛙"，就在树上玩起来，一直玩到衬衣短裤晒干了才回家。

这一桩"青蛙"事件，谁也不知道。等到后来亚伯拉罕死后，那个奥斯丁老伯，才在别人面前提起。一个幼年时代保密的约定却能保持那么长久，的确不容易呢！

林肯的童年时期还发生了一件有惊无险的事情。他在河边玩耍时，因为不小心掉了进去，幸好被邻居发现了，把他救了上来。当时这位邻居根本无法知道，他不只是救了林肯，而且还挽救了千千万万的黑奴。

就这样，林肯在印第安纳州度过三年童年时光。

妈妈的脚印

上帝仿佛对林肯一家心怀恶意，秋天到来的时候，这个9岁的孩子，就不得不开始面对生活的捉弄了。

在那个时候，一种怪病无药可医，只要头晕恶心、腹痛口渴，那就死神缠身在劫难逃了。有时甚至全家乃至整个村子的生命一并消逝。这种神秘的病的病因到二十世纪初才被人们找到。这种病被通俗地称做乳毒病，它在鸽子溪一带肆虐，夺去了许多人的生命。

这一年，是印第安纳的秋季，在旷野上放养的牛群不知是误食了什么东西，还是不习惯这里的潮湿环境，突然发起病来。很快，周围所有的牲畜都被传染了，马匹倒下了，绵羊倒下了，牛奶全部倒掉，最后，灾难也降临到了人们身上。

被传染的人呻吟着躺靠在装满树叶的袋子上，住在离这里很远的一位医生成了这些患者能够找到的唯一救星。每次他来给病人看病，都会忙得不可开交，尽管如此，情况也丝毫没有好转，焦虑与绝望折磨着每一个人。

林肯的父亲满目凄凉，已经无心过问其他事情了。至于留在家里做饭、照管孩子、喂养牲畜、磨斧子、晒柴火，缝兽皮等，这些活无疑都落在了母亲一个人身上。终于，她累倒了，长久以来积聚的辛劳仿佛一下子都爆发了出来，她的病情逐渐恶化。

死神夺走了几个邻居的性命，也带走了林肯的外祖父、外祖母，现在它又来到了母亲的身边。母亲一直营养不良，骨瘦如柴，又缺乏生存的信心，因此一得上乳毒病这致命的病，身体就迅速垮掉了。不满10岁的林肯，站在沉默、苍白的母亲面前无能为力。

1818年10月5日，这是亚伯拉罕·林肯终生难忘的日子，他善良的母亲魂归天国。他静静地看着平时十分坚强的父亲，看着泪水打湿了他蓬乱的胡须。开始，林肯的心里只是充满了一种恐惧和新鲜混搅在一起的复杂感觉，"死亡"的含义他并不清楚。

自从第一位邻居死后，父亲就开始叮叮当当地做棺材了。钉棺材的声音让所有的人：病人和健康人都感到刺耳和心酸。而年幼的林肯对此却浑然不觉。

这会儿，父亲又开始给刚刚断气的妻子做棺材了。"妈妈真的很高大"，林肯凑上去看着母亲已失去活力的身体，心里想到。

　　林肯仔细地看父亲如何不用铁钉就把大木板固定在一起，他还很乖地帮着父亲做这做那。母亲死后的第一天就这样忙忙碌碌地过去了，他仿佛根本没有意识到发生了什么。

　　然而，当母亲入了殓，下了葬，回到家，看到母亲的床上空荡荡的时候，林肯的心才突然被一种巨大的孤独感攫住。

　　这时，林肯感觉自己好像一点都不喜欢父亲，他想起了父亲说过的粗话，想起了他的大巴掌，直到这会儿他才醒悟到，自己所有美好的生活经历都来自亲爱的妈妈：妈妈从未打过他，而且总是为他辛勤地操劳着；每当妈妈伤心的时候，她总是抬起头来凝视着这个跟她越长越像的林肯，这时，便会有一种从未倾吐的亲切和融洽的感觉在林肯的心头萦绕。

　　对于林肯，这种感觉整整一生都无法摆脱。在对母亲的回忆中，沉默寡言的他对于那些失去的和可望而不可即的事物的渴望更加强烈，较之于以前，他显得更加忧郁了。

　　生活开始把重担压在了

▲林肯画像

两个孩子身上。好在12岁的姐姐萨拉非常能干，做饭、洗衣、纺纱、织布都能做得井井有条，林肯则负责饮水，那要从一公里以外打来。

自从妈妈死后，家里就突然冷清起来。一天，亚伯拉罕在林子里拾完了柴，正背着柴往回走，走到泉水旁边时，突然听到萨拉高兴的叫喊声。

"怎么了？萨拉，发现了什么？"亚伯拉罕问道。

"发现了一个不平常的脚印。"萨拉边说，边伸着手指头指着地下。

"哎，是不是发现了鹿的脚印？"

亚伯拉罕一面说，一面弯着腰往地下看，等看清楚时，他高兴地跳了起来。"啊，是妈妈的脚印！"

"所以，我想，我们把这脚印想法子给留下来。妈妈留下的就只有这个脚印了！"萨拉伤心地说。

"是的，我们在这脚印的周围，用石头把它围起来吧！"

说着，两个人急忙去搬了些石头，在两个脚印的周围，堆起了石墙。从这天起，姐弟两个每天都要去看这石墙。

新妈妈的教诲。

一天，林肯的姐姐萨拉独自一个人在煮东西，亚伯拉罕在外面劈柴。父亲说出门去几天就回来的，可是，这次出去了好几天，还没有回来。所以，他们姐弟两个就只好一天又一天冷冷清清地在家里看家。

忽然，萨拉听到从老远的地方传过来一阵声音。"亚伯拉罕，有什么人往这边来了，你听！"

亚伯拉罕放下手里的斧头，对着声音来的方向，侧着耳朵倾听。"不错，那是马车在石子路上经过的声音。"

"不知道是不是往这边来的？"

"除了到这里来以外，没有别的地方去了。"

马车越来越近了，这是一部两匹马并排拉着的布篷马车。坐在驾车台上的那个人，一手拿着马缰绳，一手挥舞起他的帽子。看，他一面还不住地微笑呢！

"啊!是爸爸回来了！"两个孩子高兴地叫着都跑到了门口。

在那部大马车上，装着满满的东西。另外，还有人从布篷的缝隙里，探着头不断地往外看，那好像是三个小孩子的面孔。不大一会儿，那辆布篷马车，就在小木屋门口停了下来。

父亲从车上轻快地跳下来，接着，他从车上又搀扶下来一个女人。"萨拉、林肯，一起到这里来。这一位，就是你们的新妈妈。"

林肯第一次见到所谓的继母，他吓了一跳，目不转睛地看着那个女人。

这时，那个新来的女人微笑着说："我在心里想，我要做一个你们真正的母亲！不过，不知道你们能不能真心喜欢我，如果我喜欢你们的话。"

"我正在想，最好我们能够像别的孩子一样，有一个妈妈。"萨拉这样回答。

可是，林肯的回答可不像萨拉那样清清楚楚地说出来，只是说："嗯！我也要尽量做个好孩子。"

"这孩子真老实。"新妈妈说着就笑了。

这个时候，父亲正在卸马车上的东西。"喂！萨拉、林肯，你们两个也来帮忙。哦！对了，这几个是你们新妈妈的孩子，还没有向你们介绍呢！你们以后要好好地在一起过日子，像亲生的兄妹一样。这男孩是约翰，这女孩叫莎丽，还有一个是，哎！跑到哪去了？"

正说着，那个年龄最小、有着满头蓬松金发的可爱小女孩，从马车背后探出头来："我是倩蒂，请多多指教！"

大家笑起来。

一个半新半旧的衣柜，从马车上卸了下来，还有床，羽绒被，厚厚的羊毛毯，各种厨房用具以及碗橱。林肯一面帮着把东西搬进家里，一面问父亲："爸爸，这是什么？"

"是枕头。"

"枕头？"

"是的，晚上睡觉时用来垫在头下面的。"

"原来是这样！"林肯还是头一次看到。

这天晚上的晚餐十分热闹，孩子们很快地就成为朋友了。在这些孩子里，人缘最好的是倩蒂，她跟林肯特别好，几乎不肯离开一步。父亲这晚也非常高兴。他看看围坐在桌边的家人，微笑着说道："开始吧！大家都到齐了吧！"

倩蒂站了起来，说："让我数数看！林肯和我是2个，萨拉和莎丽是6个，再加上约翰哥哥是7个，还有爸爸，这刚巧是100个人。所以我们家里的人，都到齐了。"

这种糊涂算法使小屋里充满了笑声。

到了就寝的时候，林肯低声地向呆站在屋角的萨拉说："现在，我们这个家，成了很有钱的人家了！"

"是呀！不过，我要问你，林肯，这个新妈妈，你真喜欢吗？"

"嗯！我想我会喜欢她。她那笑声，我听了实在高兴呢！"

林肯的新妈妈特别的尊重知识，她坚持让所有的孩子都去那所离家不远的木房子学校读书，因此，她也很快赢得了林肯的好感。

但是，每当新妈妈说起读书学习的事，父亲总是一笑置之，他觉得，自己没有读过什么书，不也照样过得好好的吗？他不明白，是他的幽默开朗的性格使他总是乐观自信。

每到星期天，他们就去教堂，说是教堂，其实只不过是一座空荡荡的木房子，总是有人在台上诵读，而孩子们根本听不懂，关于语言规范的知识他们尚需积累。

在这段日子，林肯在新妈妈启发教导下写字越来越熟练了。他的堂兄曾说，林肯特别聪明，在学校里学习成绩比其他学生都好。

对于小小年纪的林肯，这实在是一个莫大的幸福。因为新来的妈妈，的确是真心爱林肯的，而林肯自己，也的确是一个很乖的孩子。

众多研究表明，造就领袖的最重要的影响因素，几乎完全存在于他们早年的生活之中。或者说儿童时期的某些因素可能确定一个人是否日后会成为伟大的领袖人物。华盛顿、杰斐逊等人在童年表现出异乎寻常的求知欲。甘地、列宁和富兰克林·罗斯福则对父母的一方有强烈的依恋而对另一方都有某种深深的排斥。

对于一个向西部拓荒的家庭来说，生母南希的逝去使童年林肯迅速进入到一个极其艰难的时期。于是林肯的父亲托马斯又娶了肯塔基一个同样不幸的女子萨莉。托马斯·林肯在未结婚以前就曾经喜欢过萨莉，但由于他比她大整整10岁，又从未向她求过婚，所以阴差阳错，萨莉嫁给了一个狱吏。

萨莉的婚姻并不美满。丈夫没有给她带来多少欢乐和幸福，在很年轻的时候就去世了，留下了她和三个孩子，还有一大笔债务。日子的艰难可想而知。当托马斯·林肯来到她的木屋时，萨莉爽快地答应了。于是林肯又多了三个异母的弟妹。

　　萨莉端庄美丽，充满生气，爽朗而自尊，有着天生的一副好心肠。当看到林肯姐弟时，她立刻迎上去，热烈地把他们拥在怀中。林肯虽然对这张慈祥的面孔心生好感，但他那不冷不热的态度流露出他的心思。萨莉明白，这个小家伙对取代他母亲地位的人还不太适应呢。她告诉自己，要慢慢来。

　　林肯经常给母亲扫墓。他默默地把母亲墓前的野草拔掉，清除残留下来的杂物。一次，萨莉也走过来，帮助林肯做这些事情。收拾完毕后两个人在南希的墓前伫立了很久。临走时，萨莉告诉林肯，她想等天暖和些时再来，在这里栽上一些花。她知道，南希生前是非常喜欢花的。

　　萨莉逐渐赢得了林肯的喜爱，不过真正的影响开始于另外一件事。一天晚饭后，萨莉像往日一样把《圣经》摆在桌上，点亮一支蜡烛，全家人开始进行晚祷。在平时，读《圣经》的事是由林肯来做的。但这次他没有读，而是把《圣经》轻轻地放在萨莉面前，用恳切的语气请求她为全家人诵读。他说：

　　"过去妈妈常给我们读，我们已经长时间听不到她的声音了。请您读吧，这样就好像她还活着一样。"

　　听到这话，萨莉感到自己的呼吸都快停止了。她做不到这一点，她不仅从未上过学，甚至连字母也不识一个。看到林肯姐弟失望的目光，泪水从她眼眶里一下子涌了出来。

　　几天之后，萨莉把自己的衣箱打开，从里面取出了三本书：

《英语缀字课本》、《鲁宾逊漂流记》和《天方夜谭》。萨莉把折皱了的书一页一页地抚平，抚去了上面厚厚的灰尘。

萨莉虽然没有上过学，但她知道读书的重要性和知识的力量，所以她把别人送给她的这些书精心保存了下来，想让小儿子约翰斯顿长大后再读。但现在，她要把它们送给丈夫前妻的儿子林肯了。她知道，在他的手中，这些书会变得更有价值，更为珍贵。

那天夜里，林肯抱着书本一直读到很晚。他伏在书桌上如饥似渴地读着，全身心都沉浸在知识的浩瀚海洋之中，忘记了生活中的一切烦恼，也忘记了时间和睡眠。

蜡烛快要燃到尽头了，烛光闪闪晃动，将至午夜，父亲出面干预了。他命令儿子马上去睡觉，但萨莉劝阻了丈夫。待托马斯睡下后，她悄悄地从梳妆台里取出一支蜡烛，烛光照着林肯那张充满求知欲的年轻的脸。他抬起头向萨莉露出了感激的微笑，轻轻地说道："谢谢你，妈妈。"

这些书带给林肯的，是意想不到的财富。林肯一字一句自学读完了这些书。林肯后来说，"它们给我带来的是无尽的力量"。

从某种意义上说，是萨莉造就了林肯。艰难的生活，繁重的劳动不仅没有压垮这个孩子，反而更激发了他的求知欲。萨莉发现，即使在剥玉米时，林肯也在看书，随着天色渐暗，头都快触到书页上了。于是萨莉就从院子里抱来一大堆玉米秸和干树枝，放到炉膛里点燃。这样，林肯就可以借着火光继续读书。

1821年，鸽子溪社区创办了一所学校。林肯非常想去就读，却没敢声张，因为此时他已是家中的主要劳力了。但萨莉已从他那焦虑不安的眼神中猜出了他的心思，她决定帮助林肯实现这一愿望。

一天黄昏，托马斯去森林中狩猎，打回来一头又肥又大的野猪。这意味着全家在未来的两个月里会食物无忧了，托马斯不禁踌躇满志，得意洋洋。萨莉瞅准这个机会，在丈夫酒足饭饱以后，拐着弯提出了孩子们上学的问题。她对丈夫解释说，约翰斯顿和马蒂尔达都十一二岁了，她不忍心让他们当一辈子睁眼瞎，受人欺侮摆弄。

这是题中应有之义，况且托马斯也有此意，又正在兴头上，于是他很快地答应了萨莉的请求。

接下来萨莉又提出，希望让林肯也去上学。

托马斯犹豫了。他觉得林肯已经能干活为家中挣钱了，再说他懂得的东西已经不算少了。

"一共只需要几周的时间。"萨莉小心地劝慰着他，"让两个小家伙走远路太危险，我真放心不下。"

托马斯没有反驳。就这样，继母为林肯争得了一次宝贵的学习机会。长久以来，无法从教室与课堂获得神秘知识宝藏的缺憾一直困扰着林肯，萨莉此举再一次震撼了林肯的心。学校与课堂为他展现了另一个世界，一个充满神奇知识的世界。

林肯注定要凭借着从知识世界中窥到的光亮而前行，并铸就辉煌。因此，对继母的感激始终深藏在林肯的心里，成为他一生不断奋进的动力。

1861年2月，已经当选为总统的林肯推掉所有的杂事，特意来到距春田镇70公里的查理斯顿与教诲他的继母道别。萨莉的头发已经花白了，身子也矮小了许多。当马车驶入那片熟悉的土地时，林肯就像年轻人一样从马车上跳下来，快步走到萨莉面前，伸出双臂，把这个激励他一生的母亲紧紧地拥入怀中。

萨莉激动得有些喘不过气来。在她眼里，"亚伯"永远是她的儿子。林肯给继母带来了一件披肩和几身衣服，并坚持要她披上披肩，一块去为父亲扫墓。之后，母子俩整整一夜畅谈着往事，感激与温情陪伴他们直到天明。第二天一大早，林肯就起程返家了。这是他们最后一次相见。此后的几年里，他不断向人说起少年之事，并说他之所以有今天，完全是母亲教诲的结果。

有人问林肯是哪一位母亲，林肯听了连笑也不笑，很严肃地这样回答："我的母亲只有一个！当我的生母去世，继母未到我家前的半年中，我们的确很惨！而这个继母和我的生母完全一样，所以，我也把她当作是自己的亲生母亲。"

酷爱读书受启迪

1820年，在林肯11岁时，父亲和继母又给了他上学的好机会。只是学校地处荒僻，校舍和师资条件都很差。

学校开学只能是在冬季农活不多的时期，偶尔有本身文化素质不很高的教师从外地来到学校，给孩子们教一些读、写、算之类的基础知识。待老师一走，学校也跟着关门了。

多年之后，林肯回忆道："这一时期，我全部上学的时间加在一起还不到一年。"

少年时代的林肯酷爱读书，几乎见书就读，孜孜不倦地刻苦学习。由于家境贫困，实在买不起书。家里除了有一本《圣经》外，再也没其他的书籍。有时他不得不步行好多公里路去向人家借书看。

同龄人对小林肯如此热衷于读书、沉醉于涂写都大惑不解，大多数农村男孩甚至认为他的个性"古怪"。

林肯不仅埋头看书，用木炭涂涂写写，而且在念过《肯塔基教师》这本书后，还提出疑问："谁最有权利进行控诉？是印第安人还是黑人？"随后他便在玉米地里大发议论，滔滔不绝地说个没完没了。

林肯并非想精通什么学问，只是想对一些事情有所了解，然后再和其他事情加以比较，从而了解人性，认识自己。他阅读了所有能够找到的书籍，尽管他能找到的书并不多，而且每天他可以用于看书的时间也很有限。

晚上，家里很黑，没有什么光亮，但每一本书林肯都认真读过。夏天的傍晚，趁天还没黑下来，他就抽空在外面看书，晚上他就凑近火堆，借火光看书。如果没注意火灭了，他便会小心翼翼地再生起尽可能小的一堆火，只要光亮足够他看书就行了。

妈妈用肥皂做的灯芯不多，很珍贵，平时是不能随便

◀林肯和他的儿子威廉-华莱士

用的，全家人只在星期五才能点起它，况且别人也都认为，这个小毛孩儿支着脑袋趴在那儿，绝不会是在读什么有用的东西。

新鲜事物就如门外吹来的劲风，为林肯敞开了知识的大门。《朝圣者的进步》使他第一次进行了自省；鲁宾逊在他的印象中只不过是个被夸大其词的开拓者，而《圣经》却像一首优美的歌飞入了他儿时的记忆。

此后又有一本书从一位旅行者和一位神父手里传进了这所房子，那就是《华盛顿和富兰克林的一生》，主人公的一些战争经历使他逐渐淡忘了父亲经常讲的那些笑话，而记住了这些符合史实的，更有意义的故事。

一次，一位亲戚给林肯带来了一本厚厚的书，15岁的林肯逐字逐句地读了它，自始至终都津津有味。对他来说，这是一个多么珍贵的知识宝库啊！

离开学校后，林肯就再没有长时间地在学校里读书了，他的知识归功于他长期勤勉不倦的好学。

另外，贝利所编的一本《辞源》也起了重大作用，林肯是从他伯父的大儿子那里得来的，这本字典对他早年的知识产生了相当大的影响。

林肯渴望读更多的书，但没有钱，他开始借阅书籍、报纸以及任何印成的刊物。后来他到新来的乔赛亚·克劳福德家工作，克劳福德和他的妻子很快成为这一带小有名气的医生。林肯倒是不怎么注意这一点，因为他早就被那医生家的藏书给吸引住了。

林肯是在这里靠自己的劳动，得到了真正属于他的第一本书。那是帕森·威姆斯所写的《华盛顿传》，林肯读得爱不释手，甚至带回家过夜，他读到眼睛再也睁不开的时候，就将书塞在圆木缝隙里。不幸的是半夜里下了一场雨，书被雨浸得皱巴巴的。为此他多做了三天工，而书和书中的故事就是他的了，他不免暗暗地庆幸自己因祸得福。

这段时间林肯读到的书还有威姆斯的《富兰克林的生平》、《哈姆雷特》、《裘里斯·恺撒》等。同时，他还设法读到了杰斐逊总统的首次就职演说、莫里斯在亚历山大·汉密尔顿葬礼上的发言，长达近五百页的印第安纳州修正法典也使他读起来津津有味。

此外，林肯还有了一本为之振奋的教科书，W·斯戈特写的《演讲课程》。这是一本较为规范的，引导人们运用不同风格的语言进行演讲的书。它告诉人们应当如何表达自己并援引了许多实例，有伟大人物的经历，有德莽斯的演讲生涯，有莎士比亚戏剧的片段，还有具体的演讲技巧。

义务、自由、奴役思想、女性问题与杰斐逊的就职演说融为一体，是一部良好的教材，书中的思想如湍流一般涌进了林肯正在启蒙的头脑。每拿到一本书他都认真地读啊读，因为没有更多的书可看，他便把现有的书翻阅好多遍。

偶尔有谁从城里买来用报纸包装的什么东西，林肯便迫不及待地凑上前去把包装纸要来仔细阅读，往往他还能告诉大人们关于他们经常谈论的话题，报上究竟是怎么说的。

如果有机会和别人一同骑马进城，林肯就会从商店的桌子上拿起一份报纸，读那些关于选举的最新消息。他发现人们都十分拥戴杰斐逊这个人民代表，反感来自南部的贵族奴隶主们。

在默默地倾听别人谈话时，在意外地阅读到的报纸残片上，林肯都不断地接触到南部的奴隶制问题，而且在那座新建的小教堂里，人们的议论也常常围绕这个话题。

当林肯不能完全理解其中的道理时，他就会独坐沉思，从别人的谈话中理出自己的观点。

读书的才干终于为林肯展现出一个新奇的世界，这是他从未梦想过的世界。它拓宽了他的智能范围并给予他洞察力，而且，读书成为他生平中最大的嗜好。

后来在1847年，林肯到国会要填报一份履历表格的时候，他碰到一个问题："你的学历如何？"他以一句话回答："不完全。"

在林肯被提名竞选总统以后，他说："当我成年时，我所知不多。然而，多多少少，我还能够读书写字，并计算比例式第四项，也不过如此罢了。我从未上过学校。我目前在知识资历上仅有的一点进步，可以说是我随时在急切需要的情况下获取的。"

有人说，林肯最大的特点是宽厚仁慈。这是完全正确的。在鸽子溪畔干体力活的年代，他这种品格就已经形成了。或许，当少儿时的林肯在昏暗的油灯下听母亲讲故事，津津有味地阅读《天路历程》和《伊索寓言》等书籍的时候，伟大的人道主义精神就已深深地滋润了他稚嫩的心田。

在成为律师以后，他那高尚的情操和伟大的人格魅力便不时地闪耀出亮丽的火花。他主持正义，不畏惧任何暴虐和强横，真心地同情弱者、穷人、妇女和儿童，尽力保护他们的人身安全和合法利益。而在一些鸡毛蒜皮的人事纠纷和琐屑小事上，他则愿意充当息事宁人的和事佬。

《圣经》是林肯拥有的第一本书。它把许多难忘的记忆刻在林肯的脑中。生母南希在世时，每到晚上，就把《圣经》摆在桌上。这时，家人围坐桌前，林肯姐弟扬起小脑袋，看着母亲虔诚地翻开书，选择一段，然后用那温柔而磁性的声音诵读起来。在林肯的耳朵里，《圣经》上的诗句总是和妈妈那温柔的声音联系在一起。

稍稍大一点，林肯学会了基本的字母后，便开始尝试着自己去读《圣经》，边读边用烧剩的木炭在木板上写字。在跨入知识殿堂的旅程中，《圣经》是林肯的启蒙书与入门老师。表面看来，林肯长大后成了一个自然神论者，虽然他自己有时公开否认这一点。他坚持认为，上帝的作用是创造宇宙和人类，在世界造就之后，上帝就退而不再干预自然进程和人类行为了，天地万物便按照自然法则有规律地运转。

据此，林肯所信赖和依靠的是人类自身的智能、毅力、勇气和才能，而不仰仗上苍的庇护和襄助。正如他早年的一位朋友所说的："林肯并没有严格意义上的基督信仰，他所信的是法律、原则、原因与效果。"他的另一位密友则说："林肯相信创造万物的大主宰，它无始无终，具备各种聪明才智，创造了一个皆要服从的法则，因此宇宙运行各有其道，而鸟兽万物孕育生长其中。"

在林肯的一生中，时常伴在身边的，除了《圣经》，还有莎士比亚的作品。

林肯初步领略到莎翁的神奇是在新萨勒姆。新萨勒姆有个名叫杰克·基尔梭的人，他受过高等教育，对历史、哲学和文学都很有研究，但在生活中却一事无成。他的太太为了谋生，不得已收些房客搭伙，他自己则整天钓鱼，拉提琴，诵诗篇。

大多数镇民都认为杰克是个失败者。可是林肯却喜欢他，和他过从甚密，而且深受他的影响。未认识基尔梭之前，莎士比亚和伯恩斯对林肯而言，只是一个人名罢了，没有什么意义。可是现在林肯坐着听杰克·基尔梭读《哈姆雷特》，背《麦克白》，他第一次体会出英国语文的美妙、丰富，它可以变化出多么华丽的文采！多么深远的智能和澎湃的情感！

他曾说："莎士比亚的一些剧本我闻所未闻，而有些剧本，我则和其他非专业人士一样经常阅读，比如《李尔王》、《理查三世》、《亨利八世》、《哈姆雷特》，特别是《麦克白》。我觉得《麦克白》无可比拟地精彩。此外和你们专业作家不同，我认为《哈姆雷特》以'啊！我的罪恶臭气熏天'开始的独白，比'生存还是毁灭'那段更为精彩。请原谅我在你们面前班门弄斧，妄加评论了！"

莎士比亚令林肯感到敬畏，罗伯特·伯恩斯却得到林肯的热爱与共鸣。他甚至觉得自己跟伯恩斯可能有血缘关系。伯恩斯曾像林肯一样贫穷，也出生在一栋木屋里，环境也跟亚伯拉罕·林肯差不多。伯恩斯也曾是庄稼汉，伯恩斯犁田时，铲起一个田鼠窝，也大为不忍，要为这出小悲剧写一首诗。在伯恩斯和莎士比亚的诗篇中，林肯找到了一个有意义、有感情、充满爱的全新世界。

最令他觉得吃惊的是，莎士比亚和伯恩斯居然都没上过大学，他们所受过的正规教育居然不比自己多多少。这使得林肯才敢梦想，也许自己虽然没有受过太多教育，但也可以做较高尚的工作，而不必一辈子卖杂货或者当铁匠。

此后伯恩斯和莎士比亚成了他心爱的作家。他花在阅读莎翁作品上的时间，比花在其他作家作品上的时间总和还要多，这对他日后的文风颇有影响。后来他入主白宫，为美国内战忧心，脸上愁云密布，却依旧留下不少时间来阅读莎翁的作品。尽管他很忙，仍要跟莎士比亚专家讨论剧本，为文中某些段落写信向人请教。就在他被枪杀的那一星期，还曾对着一群朋友们朗诵《麦克白》。

在林肯读过的书中，有几本书的来由极富戏剧性。

有一次，林肯的父亲托马斯外出打工，在一户人家的角落里发现了一本破旧不堪的书《天路历程》。他听人说过这是一本好书，于是便讨了回来，交给儿子。林肯如获至宝，立即贪婪地读了起来，完全沉浸在曲折感人的故事情节之中了。

《天路历程》讲述的是一位基督徒在通往天国之路上的艰苦奋斗历程。这位虔诚坚贞的信徒一路跋山涉水，经过了"失望泥沼"，在"困苦山"奋力攀行，穿越"死影山谷"，最后终于到达了天国之城。

作者约翰·班扬是一位典型的英国清教徒作家，他的作品享有世界性的声誉，先后被译成多种文字出版。林肯非常喜欢班扬口语化的文字表达方式和把叙述与对话合起来的写作方法，更钦佩其作品中那种独特的风格和深邃的意境。

林肯在孤独贫困之中拜读这部描写坎坷奋斗人生的文学名著，触景生情，使他感慨万端，从中悟出了不少深刻的人生哲理。由此可以理解为什么林肯面对日后无数的艰难困苦，从没有震惊得目瞪口呆。

看到林肯如此地钟情于书本，一位邻人深受感动，于是送给他一本《伊索寓言》。这是林肯读到的第一部充满幽默感的关于人类智能和人生哲理的书籍。他读了又读，不仅茅塞顿开，而且倍感亲切，无法释手。

还有一次，林肯到齐赛亚·克劳福德先生家去做工。林肯发现他有许多藏书，其中有一本是大卫·罗赛写的《华盛顿生平》，林肯爱不释手。由于林肯为人诚恳实在，活干得也很出色，所以克劳福德允许他把书拿回家去看。

在接下来的几天里，林肯几乎把时间完全花费在看书上，有时竟然忘记了吃饭和休息。他被书中主人公的伟大业绩和人格魅力深深地吸引住了。独立战争时期，华盛顿受命于民族危难之际，率领衣衫褴褛、装备简陋的大陆军，与英帝国军队进行了长达8年之久的殊死战斗，终于赢得了民族的独立。这种叱咤风云的英雄壮举深深地激励了林肯，打动了他幼小的心灵，使他久久不能平静。

这似乎是一种历史的机缘与巧合，几部极具人生启迪价值的书最先闯入了林肯的生活，把丰富的精神食粮充塞到了少年林肯纯洁高尚的心灵之中。

《圣经》把基督教的人道主义精神灌输给了他；《天路历程》给了他勇攀人生高峰，追求真、善、美理想境界的巨大内在动力；《华盛顿生平》中所展示的开国先贤们的爱国热忱、思想情操和艰苦卓绝的开拓创业精神，深深地感染了他；而《伊索寓言》则使他变得机敏、睿智、正直，充满了同情心和幽默感，并使他初步了解讲故事的价值和语言的力量。

《鲁宾逊漂流记》和《天方夜谭》更使一个小男孩子感到惊奇和无限的向往。这两部书各有侧重，《鲁宾逊漂流记》讲述一个人勇敢面对不可预测的命运，战胜无数意想不到的艰难险阻，终于获救的故事。在以后的岁月里，林肯始终能够沉着地孤军奋战，最终一步一步实现自己的理想。

《天方夜谭》则展现了一个无比美丽的新世界。其中给林肯印象最深的是《辛巴达航海记》。辛巴达是一个伟大的水手，带领着一帮身怀绝技的人到大海中冒险，扶危济困，铲除魔怪，机智勇敢，一往无前。

林肯多次提到辛巴达精神对自己的影响，并把以冒险深入敌人腹地纵横切割无往不利的谢尔曼将军称为"辛巴达"。拓荒者家庭不乏冒险和忍受苦难的品质，但林肯从书中得到力量，变得更加坚毅和积极进取。

林肯一生所为，是一个升华了的鲁宾逊和辛巴达的结合体。所有这些都在林肯心田深处打下了深深的烙印，对于他的整个人生历程产生了不可估量的作用。

从著名的萨姆特要塞事件的处理中，可以清晰地看到这几部书对林肯的直接影响。林肯于1864年就职美国总统后，南北双方已成水火之势，北方与南方之间的大多数要塞堡垒都被南方军队占领，萨姆特要塞是南部控制区内唯一还掌握在联邦军队手中的重要堡垒。

早在3月3日，叛乱当局就派重兵包围了这个要塞。次日，即林肯就职总统的那天，他接到该要塞司令安德森少校的来信，信中报告说要塞守军的存粮只够一个月用，如果得不到补给的话，他将不得不撤离。

对于林肯来说，这是他入主白宫后遇到的第一个真正的挑战。林肯就职时曾向全国人民宣誓，要维护联邦的完整，捍卫宪法的尊严，这也是他最基本的政治责任。

但要是他下令用武力去解救这个要塞的话，他将会冒巨大的风险。如果成功了，要求和解的人们和边境诸州会把它视为野蛮的侵略行径。万一攻击失败，则会使他和政府的政治声望一落千丈，给将来的工作和联邦的前途都带来巨大的困难和损失。

鉴于某些内阁成员的要求，林肯也曾考虑让安德森率军撤离要塞，但他本人很快就否定了这个方案，因为这一让步太大了，不仅意味着林肯政府默认了南部的脱离行动具有合法性，而且，联邦的生命到此也就终结了。

就在林肯左右为难的日子里，林肯捧起了书。然后他接见了一位来自弗吉尼亚的W·C·里弗斯先生。里弗斯一味奉劝林肯不要动武，应该向南方作出善意的让步，放弃萨姆特要塞以及联邦政府在南部的财产，以避免出现大规模的流血。

面对这位喋喋不休的"和事佬"，林肯给他讲了一个小故事"狮子与樵夫的女儿"。

"《伊索寓言》上说，"林肯面色祥和，娓娓道来，"一只狮子爱上了樵夫的女儿。这位美丽的姑娘让狮子去见她的父亲。那位樵夫这样回答了狮子的求婚：'你的牙齿太长了。'于是，求偶心切的狮子拔去了牙齿。当他再度登门造访时，樵夫又对他说：'不行，你的爪子也太长。'这次，狮子干脆把爪子也拔掉了。樵夫看到狮子已经解除了一切武装，就敲碎了他的脑袋。"

"如果人家要求的我都答应，"林肯告诉里弗斯先生，"那我不就要遭遇同样的结局了吗？"

经过深思熟虑，林肯果断地决定对萨姆特进行驰援，只运送粮草而不运武器和人员。无论从什么角度看，这都是一个非常英明的举措，导致南方不正义地展开了进攻，而不正义的战争是无法获胜的。

幸运的林肯还得到了其他好书。他还读了《肯塔基教师》。这本书将勇气、义务、自由、女性问题与杰斐逊的就职演说融为一体，是一部良好的教材。书中的思想如湍流一般涌进了林肯正在启蒙的头部。因为没有更多的书可看，他便把这部书翻阅了好多遍。

有一次，一位亲戚给他带来了一本厚厚的教科书，W·史考特写的《演讲课程》。这是一本引导人们运用不同风格的语言进行演讲的书，它告诉人们应当如何表达自己并援引了许多实例，有伟大人物的经历，有德曼斯的演讲生涯，有莎士比亚戏剧的片断，还有具体的演讲技巧。

他常常手中捧着《演讲课程》，在树下走来走去，朗读哈姆雷特对伶人的吩咐，复述安东尼在凯撒遗体前的演说："各位朋友，罗马同胞，乡亲们，请听我说句话：我来是要埋葬凯撒，而不是来赞美他。"

每当林肯读到特别吸引他的段落，如果手边没有纸张，他就用粉笔写在一块木板上。后来，他用自己做的那个粗陋的剪贴簿，写下所有他心爱的句子，随身携带，仔细研读，很多长诗和演讲词就这么背会了。

下田工作的时候，林肯也将书本带在身边，马儿躲在谷堆后面休息，他就坐在围篱上看书。中午他不与家人一同进餐，而是一手拿着玉米饼，一手捧书，看得入神。

法庭开庭期间，林肯就徒步走上十五公里路程，到河边的城镇里去听律师辩论。跟别人一起下田时，他偶尔会放下锄头或草耙，爬到高处复述他从律师那儿听来的话。此外，他还模仿过顽固的浸信派牧师，星期日在小鸽溪教堂里发表演讲。通过认真揣摩和仔细观察，林肯逐渐掌握了西塞罗演讲术的精髓。

西塞罗的演讲艺术如此神奇，使林肯在日后的每一次演讲时和在台下时判若两人。他那粗陋古怪、常为人嘲笑的外貌和举止与他在人们心中的形象相去甚远。一位东部议员与林肯有过一面之交，他曾很详细地谈过自己的感受。

他说，林肯的脖颈又长又瘦，脸上布满了深深的皱纹，四肢奇长，手掌大得惊人，对人说话时的语调相当深沉柔和。他的衣服总是那么宽松，上面布满了皱折，即使新装也是这样。他的形态是粗陋的，举止很随便，谈不上优雅，给人一种十分奇特的感觉。

但他的胸襟很开阔，心地善良，从那略带忧郁的眼神里，人们可以洞察他那宽厚仁慈的内心世界。总之，他好像是一位来自另一时代的谦谦君子。当他走上演讲台时，情形就大不相同了。他身上潜在的能量此刻都充分地发挥了出来，他目光炯炯，声音响亮，神采奕奕。

他的演说词并不华丽，经常引用《圣经》中的句子，并讲些生动风趣的小故事，充满理性和激情，因此具有强烈的感染力。每当他演说的时候，全场鸦雀无声。讲到精彩之处，人们的心都在剧烈地跳动，呼吸也急促起来。于是人潮涌动，全场沸腾，欢呼声和热烈的掌声一浪高过一浪。

1860年2月，林肯从西部来到东部，登上了库珀学院的讲台。开始时他和听众们的感觉都相当尴尬，听众们发现他身上穿的外衣不仅式样陈旧，而且还皱皱巴巴的。他后来也承认，演讲时他总因比较下面观众优雅得体的西装和自己的外衣而走神。他的那件衣服虽然是新做的，却并不十分合体，他总感觉自己的衣领竖起来了，还时不时地摸一摸它，台下的听众们一定也发现了这一点。

有两篇报道这样写道："三根筋挑着个脑袋。当他伸开手臂打手势时，我才看到他的手到底有多大。他演讲时一直压低着声音，就像是一个习惯了露天演讲的人，怕在这里声音太大吓着别人似的。他演讲中使用过时的字眼，我自言自语道，'噢！伙计，这在荒凉的西部是可以的，但在纽约却行不通。'"他就是这样朴实无华，显然他也乐得给人这种印象。

开始时，他几乎根本无法吸引人们的注意力，他的衣服就仿佛悬在那个巨大的身躯上，他面目黯然，苍白无色，好像粗坯锻打出来没有经过细加工似的。满脸生活贫困的痕迹，那双深凹进去的眼睛显得忧郁而焦虑。

但是，当他进行到演讲的主题时，脸上便洋溢出一层烁目的光彩，这是他内在的火焰释放出来的。他的声音开始洪亮，表情专注，显然已经全身心地投入到演讲中去了。他的演讲朴实而严谨，似乎还带着点圣经的风格。讲到重要的部分时，大厅里鸦雀无声，当他讲到高潮时，大厅里顿时掌声雷动。

他的演讲准备充分，有着布道一样的结构，并以道格拉斯的一句话作为基础。道格拉斯曾说："我们的先辈在创建我们现在生活其下的政府时，他们对整个问题同样理解，甚至比我们理解得更深刻。"

在讲完最最简明的、妇孺皆知的宪法以及历史原因后，林肯不慌不忙地、十分有逻辑地开始讲述历史提出的要求。他语言简单，使得一切都显得十分容易理解。

在演讲中，他数次用"你们"直呼当时并未到场的南方人："你们威胁说，如果有一个共和党人当选，那么你们就脱离联邦，并且把责任推给我们。这话说得真是狂妄。一个劫匪拿手枪抵在我的头上，却还咬牙切齿地说：'站住！把钱拿出来，不然的话我就打死你，那样你可就是个杀人犯了！'"

讲到这里，会场内一片沉寂，似乎连针落到地上的声音也能听到。但在这沉寂之中却蕴含着一股汹涌欲出的巨大力量和怒火。这时，林肯词锋一转，用一种宽厚温和的语气说道："我们必须确保和平，全力维护联邦的统一。我们共和党人应竭尽全力这样做。虽然我们受到了严重挑衅，但决不能意气用事。即使南方人不愿听我们的话，我们还是要冷静地去考虑他们的要求，并从履行责任的角度尽快加以接受。"

在谈到南北双方的矛盾斗争时，林肯一针见血地指出了分歧的根本所在。他指出："如果我们认为奴隶制度是正确的，他们的要求我们都愿意答应；如果他们认为奴隶制度是错误的，我们的要求他们也都愿意答应。他们认为奴隶制正确，而我们则认为奴隶制错误，这就是全部争端的症结所在。他们认为奴隶制正确，所以他们希望把奴隶制作为正确的东西给以充分肯定。但我们认为奴隶制是错误的，我们能向他们屈服吗？我们能投票赞同他们的观点而违背自己的观点吗？不要让不实的指责使我们背离我们的责任，也不要被搞垮政府或把我们送入牢狱的恫吓弄得不敢履行责任。让我们坚信正义就是力量，并且在这个信念的指引下，像我们所理解的那样，勇敢地把我们的责任履行到底！"

演讲结束了。掌声和兴奋的跺脚声震耳欲聋，男人们把手中的礼帽高高地扔向空中，妇女们则激动地挥舞着绣着花边的手帕，抛出一个又一个热烈的飞吻。他们纷纷拥向前去，争着与林肯握手拥抱，久久不愿离去。

这次演说给观众们留下了难以忘怀的印象，大大地提高了林肯在东部的声望。后来有不少学者就这篇演讲词展开了分析，他们得出了一系列用词、句法、典故等方面的数据，宣称找到了林肯演讲魅力的秘密。

"哦，是吗？"林肯的长子罗伯特对那些学者的话不以为然，"那一定是你们没有看到他头顶的神光和眼中的火焰！"

像林肯这样出生贫穷的人，是没有多少书可看的，于是他就打别人的主意。借书成了林肯的一大难题。

上文提到的齐赛亚·克劳福德是鸽子溪一带小有名气的医生，他家里有着丰富的藏书。酷爱读书的林肯对此垂涎已久，他主动询问克劳福德是否有零活儿，即使价钱很低也无所谓。他真正的目的是接近那些书。

克劳福德见林肯干活勤快、又喜爱读书，于是痛快地应允他读那些宝贵的藏书。而且有一天，他还允许林肯把《华盛顿生平》带回家。但有一次书被打湿了。那是一个暴风雨的日子。林肯摸索着上了他那小阁楼上的床铺时，只听见像小石子般的雨点，噼噼啪啪地直向屋顶打下来。同时听到爸爸妈妈在下面的床上说着话："今天这暴风雨好厉害呀！孩子们都睡着了吧。"

"哎，看样子都睡着了。"

"我们这个亚伯拉罕，真是拿他没有办法！只晓得看书，老这样下去，养成一副懒骨头，实在不是办法。"这是父亲的声音。

"什么？你说亚伯拉罕是懒骨头？我却认为没有像亚伯拉罕这样勤快的孩子呢！看他做起那些劈柴等的事情来，一点不亚于大人呢！"这是母亲的声音。

"是啦，做事情，他倒是会做，可是，我看他并不真正喜欢做事。这孩子真正喜欢的，只有书本。"

"这不是很好吗？这孩子，将来一定有出息的，像他那样欢喜研究学问的孩子，实在少见呢！譬如，昨天我从地下掘出了一片木板来，亚伯拉罕马上拿去洗干净，就在那块木板上，做起算术来。像他那样年纪的孩子，读懂了《圣经》的，我还没有看到过。因此，他决不和人家争吵。你看，约翰和莎丽两个，不是老在那里吵吵闹闹，吵得人头昏脑涨吗？昨天，他们两个正争吵着的时候，亚伯拉罕就去劝他们，结果，他们就和好了。所以，当时我就对莎丽说，应该学学亚伯拉罕"

这天，他看到很晚，临了把书塞到墙角里才睡去。

第二天早晨醒来时，暴风雨已在不知不觉间停下来了，阳光从墙壁的孔隙里照射了进来。林肯伸出手去，在用树枝堆叠起来的墙壁凹里，摸索了一阵，突然"哎呀"一声叫了出来。"糟糕！"林肯嚷着，他从代替梯子的横木上，差点摔了下来。

"哎，怎么了？亚伯拉罕。"林肯的母亲说。

"闯了大祸了！闯下了没有办法收拾的大祸来了！昨晚一场大风雨，把我的书本子给打湿了！"

"书打湿了？什么书？"

"是一本从克劳福德先生那里借来的《华盛顿生平》。这是很贵重的书呢！"

"哎呀，这可真是糟透了。"

妈妈也觉得，这倒真是一桩大事情。

"妈，我马上就去道歉。同时，我要去给克劳福德先生做两三天田里的工作，好赔偿打湿了的这本书。"

"好，这样很好。真难得，亏你想出这个好办法来。能够这样，才算你真正得到《华盛顿生平》的好处了。"

三天以后，从远处传来了充满兴奋的声音："妈妈，我回来了！"林肯从坡道上跑了回来。

"妈妈，我把书带回来了。你看，这本《华盛顿生平》，人家送给我了。"因为一路跑回来的关系，又因为太高兴而兴奋得上气不接下气，林肯满脸通红。"咦，你怎么说的？"

"我对克劳福德先生说，书被弄脏了，让我帮他在田里做三天工，算是赔偿损失。克劳福德先生和别的人们，听我这样一说，起初只是放声大笑。到后来，他竟哭出声来，还流下了泪来。接着就说，他能有一个这样诚实的孩子就好了！起初，我没有听清楚他是夸奖我，还以为是被我弄脏了书，才哭了起来的呢！"母亲和姐姐两个，听了都笑了起来。

"然后，他说不必到田里做事，在他那边玩几天好了。不过，我还是到田里去做了工。我帮他们摘玉蜀黍、割马草、劈柴。到了昨天晚上，克劳福德先生对我说，因为我的工作做得很好，就把这本书作为奖品送给我。同时，还要我努力，将来好成为像华盛顿那样伟大的人物。我真是太高兴了！"

当然也难怪他那么高兴，因为那是一本他在梦里也会梦到的书，现在却成了他自己的书了。这本书，是一本除了妈妈送的那本《圣经》以外，第一本属于他自己的书。

林肯后来曾回忆说："有一段时间，我总到塞缪尔家去读书，后来他烦透了，就把书借给我，让我拿回去读，并声称不用还了。"

虽然由于当时的条件所限，书籍少得可怜，而且零星地流散于民间，每读一本书，都要花费巨大的气力去搜寻，林肯却乐此不疲。只要能够弄到一本好书，再大的困难他也能克服，为此，他跑遍了整个县城。

一次，一位顾客告诉林肯，他家里有一本英语语法书，还附有练习，林肯马上就赶了一里多路借回了那本书，并且生平第一次正经八百地学习了自己母语的语法。另一个人借给他一本吉本的《罗马帝国衰亡史》，一位神父还借给了他一本历史书。

一个偶然机会，他听到了一位著名律师的慷慨陈词。当他向这位演说完毕的律师伸出手时，这位文质彬彬的先生表现得很热情，而且满怀感激地望了望灰头土脸的林肯。他借给了林肯印第安纳州的法律书，使林肯生平第一次认识了这个法治国家。

这样，他又读到了不少好书，如《合众国历史》、《富兰克林生平》、《哈姆雷特》、《裘里斯·凯撒》和《奎因笑话集》等等，以及杰弗逊总统的首次就职演说和莫里斯在汉密尔顿葬礼上的致辞。从此林肯对法律书籍的兴趣与日俱增。

在新萨勒姆做店员的时候，伙伴贝利是个酒鬼，他们做生意及后来酒店里来不及卖出的酒多数都流进了他的肚子里。林肯是个书迷，从早到晚迷醉在书里，反正生意冷落，时间多的是，倒是书不怎么多。他从一堆废物里找到一本英国法学家威廉·布莱克史东的一本法律述评，而且印刷精美，立即如获至宝地读了起来。

朋友蒙特·特雷厄姆告诉林肯，如果他想在政治或法律方面出人头地的话，那他必须懂得文法。

"我要到哪里才能借到一本文法书呢？"林肯问道。

特雷厄姆说在六公里以外的乡间住着一个农夫，名叫约翰·万司。他有一本柯克汉氏文法，于是林肯即刻起身，戴上帽子，出去寻找这本书。

这是他第一次系统地学习文法，对于提高他的写作和演讲水平起了十分重要的作用。他对柯克汉氏文法融会贯通的速度使特雷厄姆大为惊奇。30年以后这位教师曾说，他教过了五千名以上的学生，但林肯则是他所碰见的对追求知识和文学最为用功、勤奋而上进的年轻人。

至于他的忘年交隐士杰克·基尔梭先生，林肯常去帮他干活，闲下来便坐而论道，一起交流讨论，并尽情地享受他家中丰富的藏书。在这里，林肯阅读了莎士比亚、罗伯特·伯恩斯等许多名家的重要作品，阅读了彭斯的诗、莎士比亚的戏剧，还有潘恩的《理性时代》，甚至还有伏尔泰的著作。从中，他真正领略到了文学艺术的魅力，这使得他的语言水平大大提高，他的语言更加优美、生动了。

一次，林肯到大卫·特恩汉姆先生家去做工。特恩汉姆年轻时曾在州里当过警察，有一本印第安纳州修正法典，此书引起了林肯的巨大兴趣。这是一本厚达430页的珍贵书籍，特恩汉姆舍不得出借。于是林肯就留在他家做了很长一段时间活，利用工余时间刻苦地钻研这部重要的法律书籍。这是林肯首次窥探进入法律界的门径。

法官鲍林·格恩先生对他的帮助也是巨大的，俄亥俄河渡船案件后，鲍林法官指着自己家书架上的一大堆法律书对他说：

"这里有这么多的书，有空的时候，你尽管来看。每星期二下午，是这里开庭的日子，你也可以来旁听。"

在鲍林的指点下，林肯的法律知识有了长足的进步。

尔后他又曾跑了20多公里路到斯普林菲尔德去找约翰·斯图尔特，他是黑鹰战争时林肯的上级，是一名律师。林肯一认识他，就知道他是帮助自己学习法律的最好人选。除了借阅斯图尔特所藏的法律著作外，他还借到了洛林的《古代史》。还有一次，为了弄到一本书，林肯竟一个人徒步跑到了俄亥俄河边，足足离家120多公里。

林肯的阅读方式很特别。不论到什么地方去，沿着河岸漫步也好，散步穿过树林也好，到田里工作的路上也好，他手臂下总是夹着一卷齐悌或布拉克斯通的著作。有一次，一个农夫雇他劈木柴，下午农夫到谷仓角落巡视，竟然看见林肯打着赤脚坐在木柴堆顶上，正在研究法律。

当林肯到田园里工作时，他的书本也一同带去。趁着马儿在玉蜀黍垅端休息的时候，他就坐上围篱的顶栏用功研读。中午时，他并没有坐下来和家里其他的人一起吃饭，反而一手拿着玉蜀黍饼，一手拿着书本，抬举两脚高过头部，专心一意地读着文字。林肯时常带着一本《奎因笑话集》到田野里去。他跨坐在木头上高声朗读当中一部分时，树林中的听众常被他逗得捧腹大笑。

眼下他正努力不懈地细读着他的书本，已无心再看管别的事了。后来当店员时，白天他仰卧在商店旁边的一棵高大的榆树下读书，打着赤脚弯曲地顶住树干。夜里在箍桶匠店里读书，利用周围点点火光。有时独自高声朗读，有时就把书本合起，再将他所读的部分写下来，或修正或改写，直到连小孩子都明白了解为止。

林肯读书的态度是极其认真的。他认为，要读就读好书，不仅要写得精彩，而且要有实用价值和较高的文化品位，否则就不要轻易地阅读。林肯读书就像一个挑剔的美食家品尝美味佳肴般慢慢咀嚼，一点一滴地仔细品味。每当读到精彩之处，他不仅要反复精读，而且常常大声朗诵。他对此的解释是，这样就可以同时运用两种感官进行理解和体会。

林肯还有一个好习惯，在读书时善于深入细致地进行思索，深刻领会其中的内容和精髓，并根据自己的亲身体验，对书中的知识进行分析、比较和鉴别，然后得出自己的结论。因此，林肯接触的书籍虽不多，但对于弄到的每一本好书，他不仅能掌握其情节，牢记那些精彩的篇章和警句佳言，而且能够深刻地理解书中所传达的思想精髓，领会其微言大义。

读过《哈姆雷特》和《凯撒》等书后，他便能大段大段地背诵书中主人公的精彩演说了。而读了《肯塔基教师》一书后，他竟然提出了一系列令人深思的问题，并尝试着作出解答："谁最有权利控诉？是黑人还是印第安人？"

林肯一生没有其他嗜好，读书是他生活中最重要的乐趣和消遣。他很少买书，家中的藏书也不多，但他喜欢光顾图书馆，不仅花很多时间在那里有滋有味地浏览各类书籍，而且经常把一些好书借回家，以便能进一步细致认真地阅读研究。

林肯涉猎的知识范围是非常广阔的，不论是自然科学还是社会科学，他都有浓厚的兴趣。他一向喜欢钻研数学，认为这对提高自己的逻辑推理能力有帮助，通过认真研究，他很快就精通了欧几里德几何学的前六卷。

林肯还在植物学和物理学领域耗费了大量精力，试图从中找到有价值的新思想和思维方式，并希望把一些新的研究成果介绍给农民和工匠，帮助他们发展生产。当然林肯最感兴趣的是文学，尤其对莎士比亚和荷马的作品情有独钟。

他整段整段地背诵莎翁作品中的一些著名诗句和剧中人的独

白，并经常为文学名著产生的震撼力量和美妙神韵所深深感动。当然，作为一位律师，林肯从未间断过对法学著作和法律条文的研究，无论走到哪里，他的挎包里总放着几本这方面的书籍，以供随时阅读查询。

威廉·赫恩登由于长年与林肯在一起工作，在这方面感触最深。在他后来写的个人传记中，对此有一段生动的描述：

"在乡间小旅店里，我们常常同睡一床。对于林肯来说，那些床铺多半显得不够长，他的脚总要搁在脚板上，长出床铺一截。他总要点燃一支蜡烛放在床头椅子上，一连好几个小时读书研究。我知道他就是以这种姿势读到凌晨两点。那时，我和其他偶尔住在一起的人早已进入梦乡。在巡回审判的路途中，他也是这样研究欧几里德几何，直至能清楚地论述六册书中的一切定理。熟读几何后他便研究代数，再看天文学，而后又准备一篇关于语言的起源和发展的演讲。然而，没有任何东西能像莎士比亚那样使他产生兴趣。杰克·基尔梭所培养的文学素养始终未变。"

尽管林肯喜欢法律，并以此为职业，但他有时也会对枯燥的法律条文感到厌烦。每当这时，他便会对赫恩登说："喂！赫恩登，你给我们讲讲，那些书里都在唠叨些什么？"

他最喜欢做的要属躺在那张旧沙发上看书了。莎士比亚的作品他读了一遍又一遍，并摘出生僻的句子。拜伦的《唐璜》他保存有好几个不同的版本，到处都用笔勾画出来。此外他也很喜欢伯恩斯的作品。一次在应当给同事宣读文件时，他却读了一整首名为《不死》的诗。

办公室里，年轻的瓦尔特·惠特曼的前期诗作也曾被评论过，这些作品给林肯的印象太深刻了，简直让他爱不释手。他曾把书带回了家，可不久后又拿了回来，原因是："我的妻子差点把这本'可恨的书'烧了。"其他新书，他只是翻翻而已，翻完后把它们搁在地上，闭上眼睛，躺下来回忆一下读过的内容。

他不收藏任何东西，在家里，他只有几本金色的纪念册放在桌上，却从不去碰，相比之下他更愿意躲在市议会大楼里，尝试着去弄清楚植物学、物理、机械以及电子方面的新技术，这些更让他感兴趣，而后再把它们介绍给农场主们。

当时有人主张要用自己的臂膀去完成最艰苦的工作，但无需去热爱它们。林肯的观点和他们截然相反。读书对他来说，更接近一种兴趣与消遣，是一种压力之下的放松与休息方式。实际上工作、学习和放松之间没有必然的界限，关键是怀着什么样的心态去做。当一切成为习惯后，享受的感觉会自然流露出来，这是真正的幸福的感觉。

终其一生，林肯都在追求知识。他深深地理解贫穷、罪恶产生的原因。对于林肯来说，无知是不可饶恕的，是一切痛苦的根源，知识是脱离尘世泥淖最坚实的梯子。

爱思考和喜欢演讲

林肯对思考的兴趣与日俱增，他能长时间地靠着墙蹲坐在地上，把腿跷得和肩一般高。对他来说，坐着、躺着思考问题要比走路骑马时思考舒服得多。

几年来，可恶的疟疾、少得可怜的食物和艰苦的体力劳动使林肯那修长的身材更显单薄，还有些含胸，而且母亲又把枯黄的面容遗传给了他。

姑娘们或许会说，"亚伯拉罕长得真寒碜！"那是因为她们根本不了解他那饱满的额头里所蕴藏着的个性与智慧，她们无法看出那棱角分明的鼻子所表现出的勇气与胆识；她们更无法理解他那薄薄的嘴唇为什么总是严肃紧闭，那双灰色的略带忧郁的眼睛为什么总那样冷静地观察着事物的本质；她们看到的只是他皮肤的粗糙和他的不修边幅。她们认为林肯那当木匠的父亲说得十分在理，他曾这样形容林肯："他看上去就像刚用斧子砍下来，还没有经过任何整治的一块粗木头。"

▲林肯在发表演讲

林肯的脾气也实在是古怪，别人都笑他是个怪人。有时候他会忽然把铁锹扔在一边，一屁股坐在地里，拿出书来，撅起下嘴唇大声朗读，这或许是为了让所有正在劳作的同伴们都能听到他读的内容吧。有时，他竟会号召大家停工休息，自己则坐在栅栏或石头上跟大伙儿聊天。

起初大家对林肯的举动都十分惊讶，不知他这么小的年纪能聊些什么。后来他们却发现，林肯的脑袋里确实装了不少东西，诸如大河啊！选举啊！以及过去发生的一些大事等。不过听完这些话题以后还是会有人取笑他，他们认为林肯讲的无非是些故事。

可不管别人怎么说，林肯依然我行我素。他有时很喜欢模仿牧师的样子讲话，常会惹得大伙儿哈哈大笑。他以为这就是"演讲"。他知道自己需要练习，需要听众，不管他们是谁，或者他们为什么来听，他只希望有人在场。

一天，林肯正在演说时被父亲撞上了，父亲一把将他拽过来大骂了一顿，说他懒惰，不务正业。父亲哪里知道，这才是林肯真正的爱好呢！

　　林肯还有个怪毛病：有时候他会莫名其妙地突然走神或者无缘无故地笑出声来，除了他继母以外，没有人能真正理解这究竟是怎么回事。有个睿智的女人曾说过，林肯从不撒谎，而这的确是事实。

　　在过去的十七年当中，林肯经历了一些不公平的事。诚然，就一个一贫如洗的年轻人来说，他业已习惯的生活往往是不公平的，所以他留意观察，只要哪里有人也遭受了不公平的待遇，他都会倾全力帮助他们。

　　每当邻村大房子里的流动法庭开庭时，林肯都去仔细旁听，例如出于对被驱逐和被压迫的印第安人与生俱来的同情，他会看看法官会不会给一个杀死印第安人的罪犯判处绞刑。但是，他知道他必须要用自己的头脑反思一下，这种自发的同情到底是对是错，他要听听自己的心灵在说些什么，一个旁观者的经验又在说些什么。

　　一个偶然机会，林肯听到了一位著名律师在法庭上慷慨陈词。自此，他便下定决心：自己以后也要这样演讲，也要博得观众这般的赞许!

　　林肯常常步行24公里路，到河边市镇上去听律师们辩论。后来，当他在田野间和其他人工作的时候，他有时会丢下锄头或干草叉，骑上围篱，复诵一些他所听到的律师们的讲词。有时，他会模仿着教堂传道的人大声叫嚷。林肯时常带着一本叫做《奎因的笑话集》到田野里去。

依法伸张正义

　　林肯16岁的时候，就长成一米八的高个子了。大家都说他是附近村子里使用斧子的第一好手。他虽然没有什么特殊技巧，但是，力气大，工作起来就比别人强。

　　一天，父亲用木头给他做了一条平底船，林肯就把自己家田里收获的粮食，装在船里，沿着俄亥俄河往下划，到外地做生意。这是他有生以来，第一次离开他那孤立在田野中的小木屋，到广阔的外面世界去。

　　到了傍晚，河岸两边时隐时现地闪耀着灯光。这些初次见到的景物，使林肯心花怒放，十分惊奇。

　　每到闲着无事的时候，林肯就把他的那只货船，停靠在安德逊河边，等候人家来雇他的船。他把头斜靠在帆索上，很安心地在船里看他的书。他对这个工作非常喜欢，因为有充分的时间可以看书。

"呜！呜！"抛锚在河中心的一艘轮船，喷出了一阵白茫茫的水蒸气来。就在轮船将要起锚的这时，从街上蹿出了两个黑影，飞也似的跑了过来。"哎呀！糟糕，船就要开了，小孩，这船是谁的？"两个人一回头发现了船和人。

"是我的。"林肯答道。

"那就请你送我们到那只轮船上去，还有这几件行李，也一起送上船去。"

"行。"

"很着急，请你快一点。喂！就是这几件行李，赶紧搬到船上去。"

林肯毫不费力地伸手接过那两个绅士递给他的行李，一起放在他那平底船上。那两个绅士也跟着上了船。

"放心，一定让你们赶上那艘轮船，先生。"林肯把他那只小船从岸边拼命划了出去。

这时，那艘轮船又拉响了第二声汽笛。林肯把全身所有的力量，都放在他手里的那只木桨上，木桨打在水面上的声音越来越急。黄豆般的汗珠，一颗颗挂在林肯的额角，从他嘴里喷出来的气息，热得像烈火一样。可是，他还是紧咬着牙根，拼命地划着。

轮船上又响出了第三遍汽笛声。

"喂！等一等！让我们上船！"那两个绅士，拼命挥舞着手里的礼帽，大声叫嚷着。平底船终于靠近那艘轮船了。

"好了，总算赶上了！"

沉重的起锚声，从轮船那边响了过来。林肯把行李递上轮船，那两个绅士就慌慌张张地跳了上去。

"喂，先生，你们还没有付渡船钱哪！"林肯大声一喊，那两个绅士就笑着说："哎！不错，竟忘记给钱了。好，你看好！"

只见两个五角的钱币在眼前一闪，就扔进平底船里了。

这时，轮船发挥出惊人的威力，已经冲破波浪前进了。林肯的小船也给波涛掀得摇摇晃晃的，离开了那只轮船。

"哟！这是银币！可是，我没有钱找呀！"

"不必找了。这两个银币是我们给你的，请你收下吧！"。

"这么多钱，真谢谢你们。"林肯把有生以来第一次赚到的这一块钱，紧紧握在手心里，一面打算着这笔钱的用途。

林肯想，今天真是好运气，有了这笔钱，不但可以买到我所喜欢看的书，同时，姐姐想买的那种锋利的剪刀，也可以买给她了！接着，他又深深地感到，是的，一个人，不论干什么，只要能够老老实实地拼命干，总是不会吃亏的。

一天，林肯正横躺在平底船里看他的书。一会儿，从对岸传来声音说："喂！渡船的，把船划到这边来！"林肯跳起身，把船划向对岸去。那边有两个身材高大的年轻人在等着。

"你们是要渡河吗？"

"你到岸上来一下，有话跟你说。"林肯上了岸。

"喂！小鬼，你为什么来抢我们的生意？这个渡口，是我们弟兄两个向肯塔基州申请到的特许权利。"

"是这样的吗？对不起，这我倒一点也不知道。"很坦白地当场就道歉。可是，对方却不肯罢休。

"说声对不起就行了吗？你这个莫名其妙的家伙！喂！兄弟，你去揍这家伙一顿！"

"好，让我来。"那个弟弟就握着拳头走过来。林肯一时愣住了，垂着双手，一动也不动。

"你这个混蛋！"那个比

▲林肯

较年轻的像一头恶狗般地猛扑了过来。霎时间，林肯那只瘦小的胳膊，向着对方的鼻尖挥了过去。林肯这一拳打得实在够劲，那家伙"砰"的一声，倒在了河岸边上。

"喂！怎么样？还要不要再来一下？我最讨厌打架了，可是为了自己，也就不得不如此了！"林肯用镇静的语调说道。

弄得满身污泥的那个人，抚摩着他那跌痛了的腰，勉强挣扎了起来。

两个人鬼头鬼脑地商量了一阵，然后，那个挨过打的人说："老大，这不行。这家伙可不是一个好对付的东西呢！我看还是到法院去，分个青红皂白才好。"

"嗯！这也好。喂！小家伙，跟我来！"于是，他们就抓住林肯的手腕，拉着他一起到法院去了。

虽说是法院，可到底是在乡下，审判官的住家也就是法院。一个叫彼得的法官，是个酒糟鼻子的矮胖老头，态度还和气。"我先要问原告，你要提出的控告，是什么事由？"

"我的名字叫作约翰·狄尔，在这里的俄亥俄河上，已取得了渡船的专利。可是，这个高个子家伙，却也在这里做起渡船生意来了。所以，我把他抓了来。"

"你是在犯罪现场抓住他的，是不是？"

"是的，我们隔着河一叫，这家伙就把船划了过来，本来打算两个人合起来揍他一顿算了，哪知道，这家伙虽然还是一个小孩子，可力气倒着实不小。所以，只好把揍他的问题放在后面，就把他带到这儿来了。"

法官一看他满身污泥的样子，差一点就要笑出来。他勉强忍住笑，装出一副一本正经的样子，拿出一本法令书来。

"不错，根据肯塔基的法律：凡是侵犯别人的营业权的，要处五元罚金。"然后问道："现在，被告还有什么要辩明的吗？"

"被告"林肯说："狄尔所讲的话，完全是事实，我没有什么要说的。不过，有一点，我要问个明白。"

"你要问的是哪一点？"

"狄尔根据肯塔基州的法律，是不是从印第安纳州的河边，把船划到河中心去也要禁止？"

"这不能禁止。因为发生在印第安纳州内的事，肯塔基州无权取缔。"

"既然这样，我就要说明，我承认曾经把客人送到停泊在俄亥俄河中的轮船上去，我的确做过几次这样的生意。不过，我从来没有到过对岸。"

"啊？事实是这样的吗？"那法官说完，点点头。接着，他又打开法令书来，在那东翻西看找来找去。不一会儿，终于把书"啪"的一声合上了，庄重地说："现在宣告判决：原告狄尔兄弟所取得的权利，只是两岸之间的渡船的权利，被告林肯无罪！宣告闭庭。"

这出乎意料的判决，使得狄尔兄弟两个嘴里叽里咕噜发着牢骚走了出去。

这时，林肯跟在他们后面，也正要走出去时，突然从背后传来法官的喊声："喂！请你等一等。"

"什么事？"林肯回头问。

"你叫林肯，是不是？你可曾研究过法律吗？"

林肯听了，脸立刻红了起来。"没有。我虽然也曾经打算研究法律，可是，我是个乡下种田人，邻近村子里能借得到的书，都已经读完了，实在没有办法再来满足自己的愿望。"

"你虽然没有研究过法律，可是你今天所提出的申辩，是一个不懂法律的人不容易想到的。你的头脑的确很适宜研究法律。你曾读过什么法律方面的书籍？"

"我读的是一本《印第安纳法令全集》。"

"这倒很难得。你还是继续研究下去。像你这样的头脑，一定可以成为一个出色的法律学家。你看！"彼得指了指背后书架上的一大堆法律书，"这里有这么多的书，有空的时候，你尽管来看。每星期二下午，是这里开庭的日子，你也可以来旁听。"

林肯感到了法律的严肃和重要，他开始在法院开庭的时候旁听律师的辩论和法官的审理，这使他常常要跑很远的路，而且要过河到肯塔基州。

用双手和大脑自食其力

年轻的林肯以他强健的体魄和在河里娴熟灵巧的劳作，证明了自己是个百里挑一的好水手。

就在17岁的林肯学着自食其力的时候，19岁的姐姐萨拉已经是谈婚论嫁的年龄了。可是姐姐婚后不久，林肯就看到，那家人是怎样让新婚的少妇辛苦操劳的。

第二年，可怜的姐姐萨拉便死于产房，据说是平日的艰辛劳动使她羸弱不堪所致。为此，林肯满心怨恨。

母亲死了，如今姐姐也死了，父亲是不会有什么改变了，而自己和许多亲戚的关系也因为一个谎言而被搞得不明不白，渐渐生疏起来。所有这一切，到底是怎么回事呢？

有钱人就可以随心所欲地虐待穷人，让穷人给他们干活，给他们伐木；有钱人就可以欺侮自己的儿媳，把她当女佣一样使唤，最后把她折磨死；有钱人喜欢谁家姑娘，便可以虚情假意地引诱她，然后再像对一个黑奴那样的不负责任吗？

生活的磨难和现实的不公，让林肯自强自立的愿望更加强烈了：他要用一双勤劳有力的双手和善于思考的大脑去自食其力。

林肯试图多赚些钱来给自己争取一定程度的舒适和自由。这时，有一个庄园主雇用林肯，让他把一船货物运到新奥尔良去。这就意味着他可以走出树林和村庄，去看看密西西比河，然后再去饱览海上的风光！这可是一次难得的机会啊！林肯马上就同意了。

于是，林肯和庄园主的儿子一道捆起了木筏，用结实的肩膀把玉米和喂肥了的家禽背到了河边。他们得把这些货物送到南方去卖掉，在回来的路上再购买一些棉花、烟草和糖。

一路上，林肯异常兴奋，就如同到了开罗一样，眼前的情景令他精神百倍。在俄亥俄河汇入"群河之父"密西西比河口时，浑黄的河水一泻千里，简直看不到边，着实令人叹为观止。沿途，他们看到了陌生的人群和土地以及从未见过的各种树木和鸟类，同时也经历过风暴和危险，看到过沙坝，遇到过湍流。

一天傍晚，他们在一个大农场借宿，夜里来了一群四处劫掠的黑人，试图抢劫他们的木筏和货物。

林肯被惊醒之后，顺手操起一块大圆木飞身冲向他们，当那群黑人看到他高大的体格和勇武的形象时，吓得慌忙潜入水中，拼命游向对岸，而这时的被袭击者怒发冲冠，在后面紧追不舍，直到最后，满身血迹斑斑地回到了自己的木筏上。这是林肯与黑人的第一次交锋。

木筏再往前走，河面变得越来越宽，天气越来越热，而夜色也越来越深了。林肯这个有诗人气质的年轻船夫无声地问自己：这就是生活的全部吗？

当然，有好多场面他还没见过呢！当他们在新奥尔良靠岸之后，他们生平第一次看到了一幅似乎永不停息的劳动画面：成千上万的木筏堵在出口处，还有他们在印第安纳州从未见过的河船和海船也相继抛了锚，停泊在一边。

巨大的仓库里堆积着大大小小装满面粉的口袋，它们都是从北方运来的。一切物体都被烟雾笼罩着，鸣笛声此起彼伏，遥相呼唤，发出尖锐刺耳的声响；轮船上高大的烟囱仿佛延伸到了陆地上；岸上修起了第一条铁路。

路边那些沿码头堆放过去的东西是什么呀？足有上千袋吧？这边或那边的口袋有的裂开了，露出了一片雪白的轻飘

▲林肯雕塑

飘的絮状物。

哦！林肯终于认出了，这陌生的东西就是他们向往已久的棉花！是整个国家都为之旋转不停的棉花！很久以来林肯只有一条布裤子，一件棉质上衣，他珍爱得不得了，进城里时才舍得穿它。

可当他一联想到所有与此相关的问题，想到了奴隶制和总统大选时，便不得不放弃了对棉花袋子的兴趣。

等他们卸掉木筏上的货物，来到城里以后，他更是大开眼界。街道上白人、黑人和混血儿川流不息。一些穿着花花绿绿的欧洲人乘坐着豪华的小马车优雅地穿过街道。

妇女们头戴大帽子，嬉笑着执着扇子招摇过市。所有人都显得极其愉快、忙忙碌碌、自由自在，所有的人都很懂得享受。

那边，一张刺眼的广告牌上这样写着："愿随时以高价购买各类黑奴，可亲自在拍卖中购买！本人有为奴隶特设的房舍！"

下一个拐角处又是一张广告牌，写道："谁给我带回逃走的混血奴隶，赏金一百美元！他的名字叫萨姆，浅色头发，蓝眼睛，微红的浅色皮肤，人们常会把他误当成个白种人。"

这就是那些被剥夺了权利的人们！年轻的船夫林肯暗想，人们简直像猎捕值钱的小狗一样抓他们，像买卖骡马一样拍卖他们，而后又像对罪犯一样把他们关押起来。过去他在家里听到过的一切，今天都被证实了，内心的恐惧油然而生。

外面的世界纷繁多变，它总是吸引着一些有追求的人出来看看。一股强烈的好奇心却又促使林肯参加了一次拍卖，走进了一座铁皮屋顶的大厅，那里，灯光刺眼，人头攒动。在那里，他看到了奴隶们被展示被拍卖的惨状。

在林肯旁边站着的是几个西装革履的绅士，脚蹬漂亮的长筒靴，头戴讲究的礼帽。从他们那褐色的皮肤可以看出，他们是从乡村来的，想要在这里进行一番交易。

这几位西装革履、不愁吃穿的绅士们享受着这里绝好的港口气氛。他们手举威士忌，相互碰杯，会意地眨着眼睛，不时地发出狂笑。此外，在拿人做交易的时候，他们也丝毫不感觉愧疚。在他们面前，站着夸夸其谈、穿戴显眼、虚张声势的卖主，他手持一根皮鞭，指着一个个慢慢绕着圈子走的赤身裸体的奴隶。

所有的奴隶都戴着脚镣，如果有谁胆敢停下来不走，或是走得速度不合适，马上就会招来卖主和他手下人一顿毒打。

在这群奴隶们中间，还有一个几乎是一丝不挂的混血女奴，她显然还是个处女，既温柔又羞涩，所以引起了那群绅士们的特别注意。

女奴按照代理人的示意，戴着脚镣走出行列。代理人一边对着众人鼓舌如簧，一边让她在这群围观的绅士面前走来走去，展示她的健康与青春。他大声炫耀地嚷嚷着："各位绅士们也该享受享受了，哈哈哈！"而这显然也正合很多买主的心思，于是价格就这样一抬再抬，最后高价成了交。

林肯的心颤抖起来。假如他不是个血气方刚的年轻男儿，他不会心怀不安地去观察这个美好的生气勃勃的酮体；假如他不是个有正义感的白人农民，他也不会感到如此气愤。然而，作为一个有天赋的诗人和不懂得女人的正派未婚青年，面前的这一切都让他心惊胆战。由于过去遭受的痛苦，以及他对父母命运的思索，他那颗善良的心在这种苦恼的思考中颤抖着。

所有的同情都汇集在那群赤裸的，带着枷锁的人们身上；所有的怀疑都投向了那些穿着讲究貌似高雅的买主们。林肯仿佛受了伤似的逃离了这个人吃人的地方！

几天之后，林肯的木筏逆流而上，返航了。三个月后的一天，林肯回到家乡时，又积累了很多知识和经验，同时也赚到了24美元。

第二章 外出闯荡

　　喷泉的高度不会超过它的源头；一
个人的事业也是这样，他的成就决不会
超过自己的信念。

——亚伯拉罕·林肯

萌发远大志向

林肯这个小伙子现在的笑话更多了，他有很多听众，总是笑痛肚子。他关于奴隶制、关于国家等所说的一些观点也使听众由衷的钦佩。

对于美国政府，林肯所讨论的是关于维护宪法和使联邦永葆青春活力的问题，这是一个当时为人们关注而且一直谈论了几乎四十年的问题。

1789年批准的美国宪法存在着一些历史缺陷，它在此后引发了无数麻烦，甚至导致联邦分裂的危机。

1830年，韦伯斯特在他著名的被称为《韦伯斯特对海恩的回答》演讲里说：

自由和联邦，现在而且永远密不可分。

　　林肯曾有一篇关于戒酒的文章也在俄亥俄的一份报纸上刊登出来，推荐它的是一个浸礼会传教士。

　　后来，詹姆斯·金特里找到林肯，那时林肯在俄亥俄河上的经历已使他小有名气，金特里认为林肯能胜任驾一条平底货船至新奥尔良的工作。

　　新奥尔良当时已有四万人口，热闹而繁华。现在林肯在这个大都市繁忙嘈杂的码头上，看着轮船静静靠岸，听着起航的轮船汽笛长鸣，他开始激动，这个城市给了他新的感受。

　　林肯看见了种类众多的热带出产的物品，也看见肤色各异的不同人种，白色的有昂首阔步的北方佬，高谈阔论的英国人，骄傲的法国人，骄横的西班牙人；红色的是墨西哥人和印第安人，他们就不那么神气了；最惨的是黑奴，他们一大串人被铁链锁着，悲伤而叮叮当当地走在街上，其后跟着手执鞭子的残忍的奴隶贩子。

　　两个月后，林肯告别

▲林肯画像

了新奥尔良，他有些恋恋不舍了。他渴望到新世界里闯荡，而不希望在偏僻的乡村默默无闻，而且在那里，他知道，他是多么不合时宜啊！

托马斯常常看不惯儿子老是随身带着一本书，林肯就常带回钱来让父亲高兴些。

1830年，林肯已经21岁了。父亲又决定西迁，将全家搬往亡妻南希的堂弟约翰·汉克斯落脚的伊利诺伊州梅肯县，理由是为了寻找那"老是回避他的好运气"。

那年的3月1日清晨，托马斯·林肯收拾好简单的行装就起程了。经过360公里的长途跋涉，林肯一家终于到达了目的地，并找到约翰·汉克斯。约翰领着姐夫一家人来到梅肯县迪凯特西南16公里处的桑加芒河北岸。

天气渐渐转暖，已是大个子的林肯开始伐木，准备在这块新的土地上建新房了。他们盖起了住房、牲口棚、熏肉房、厨房等一应附属设施。又在房屋四周围上栅栏，种上玉米，再就是开垦了15亩土地，这样，新居算是初具规模了。

这一时期，家里人都一心只想着盖木屋，住新房，那是他们的目标，只有这个年轻的伐木者林肯除外。他把自己那些微妙的想法：像爱情、自由、教育和奴隶制以及大选等，都当做是一些寓言故事讲来消遣。虽然用坚实的臂膀进行劳动他已经习以为常了，但事实却证明，他并不太喜欢这样。

就这样，林肯一家就在这临时的"故乡"定居下来。

什么是故乡？像他这样一个在20年中为生活所迫而不得不跟随父亲几次三番离乡背井的年轻人，肯塔基州、印第安纳州和伊利诺伊州在他眼前如同过眼云烟，他从何产生一种故乡的感觉呢？林肯的故乡是美国！

林肯在伊利诺伊所度过的第一个冬天，是该州历年来最寒冷的一次。大雪在大草原积下0.3米厚，牛群死去，鹿和野火鸡也几乎灭绝，甚至人们也有被冻死的。

林肯未曾有过什么土地，而且他从来没想过要拥有土地。他已在农场生活了20年，而他对于垦荒农耕已尝尽辛酸了。

林肯厌恶那种过分劳碌和单调无味的生活，促使他想要得到一份工作，能使他见到人们并吸收一些听众，并让他们对他的故事拍手喝彩。

在印第安纳州的时候，有一次林肯帮忙划一条平底船，顺着河流到新奥尔良去。

一天晚上，当林肯他们的船只在杜杰司尼夫人的大农场边停泊时，有一群黑人，带着刀棒，爬上船来。他们打算把船员杀掉，将尸首投进河里，然后把船开到新奥尔良的贼窝去。

林肯抢了一根木棒，用他长而有力的手打得三个强盗滚进河里，然后追击余党上岸。但是在搏斗中，一个黑人用刀在林肯的额头划了一下，使他在右眼上留下一个伤疤，一直到他去世。

到了新奥尔良后，林肯就为自己谋得另一份河流上的工作。以一天五角的价钱，并加上奖金为工资，来雇用他的异母兄弟及他的第二个表兄弟砍树，伐原木，将它们漂浮到一所锯木厂，建造一条较大的平底船，再装上腌肉、玉米和生猪肉，然后顺着密西西比河漂流下去。

令林肯难以忘怀的是新奥尔良的黑奴，当他经过一个奴隶拍卖所，并看见一次黑奴大拍卖时，他愤然感到一种难以遏止的厌恶。

一个黑白混血的漂亮姑娘被拴在一根木桩上，她要忍受前来挑选者的掐捏，这不免使她疼痛难耐而又蹦又跳。出价购买者还以对待牲口的方式令她在一个小房间里像马一般跑来跑去。他们挑剔着，仿佛她是货物或者动物。

每当遇到类似事件，林肯暗暗发誓：将来如果有机会，那么他所给予这个制度的惩罚一定是致命的。

在这里他们卖掉平底船，然后乘轮船沿密西西比河至圣路易斯，之后步行回到柯尔斯。这次与家人的团聚是短暂的，很快林肯就到了纽萨勒姆并在那里生活了近六年。

诚实勤奋人人夸

纽萨勒姆离斯普林菲尔德约32公里，是一个命名还不到两年的村子。林肯以前的老板丹顿·奥法特在这里拥有一块土地并开有一间店铺，他非常喜欢年轻的林肯，就让他在店里售货。

林肯是一个很诚实的人，工作很卖力，他不但体力很强，而且还很有学问。此外，他说话也十分风趣，所以很讨人喜欢。

那里的人一个说："那个奥法特老板店里的一个叫做亚伯拉罕的掌柜，真想不到竟是一个那样诚实的人！有一次，我在这家店里买了一袋茶叶，到了晚上有人来敲门，我很奇怪，马上出去看，原来是亚伯拉罕。他说事后一查，发觉那一袋茶叶斤两不足，特地补送些茶叶来。他又再三向我道歉，才放下茶叶回去。我并不是重视那一点点茶叶，而是被他的诚实感动了。"

另一个说："是啊！有一次，他少找了三分钱给一个从乡下来买东西的顾客，竟在晚上走了6公里的夜路，把那三分钱送还，这实在使人敬佩。"

还有一个说："而且，他很喜欢孩子，我家里的孩子，每天一吃过晚饭，连嘴也不擦，说声听故事去，就跑了。"

不论到哪里，都可以听到"亚伯拉罕真老实"这一类夸赞。

林肯终于找到几年来一直所追求的一个机会，就是克服他的胆怯以及学习公开演讲的一个机会。

在印第安纳州时，林肯在这一方面仅有的机会，就是对田野里的一小群工人们讲话而已。在纽萨勒姆有个组织叫"文学会"，每逢星期六夜晚就会在罗特利基酒店的饭厅里聚会。

林肯极为踊跃地参与并且在这个组织中取得领导地位，经常

▲林肯在公开演讲

讲故事、朗诵自撰的诗歌、发表即席的演说、谈论桑加芒河航行一类的问题，或者辩论一些当天发生的各种事件。

这些活动是极其宝贵的，它扩充了林肯的心智领域并且唤醒了他的志愿。他发现他有非凡的才干：用他的言辞去影响别人。这样的认识增强了他的勇气和自信力，这是从来没有其他事物所能促成的。

店里的工作并不是很多，这使得林肯有时间看书，并对政治开始着迷，这使他更有兴趣钻研法律。在纽萨勒姆，每逢星期六晚上罗特利基酒店的饭厅就会热闹起来。

羞怯的林肯非常活跃，在这里他讲的笑话、即兴的演讲和他的政治见解，甚至他的因缩水而紧贴在腿肚子上的熊皮裤，无不给人们留下深刻的印象。

林肯曾向学校老师门特·格雷厄姆求教，格雷厄姆告诉他要想在法律和政治上出人头地，必须精通文法。

林肯因而设法借来柯卡姆的《英文文法》读了又读，很快就学会了如何清楚、明白地表达自己的思想。

林肯的自信心日渐增强，在小店里使得他认识了不少的人，他们常拿他难看的地方开玩笑，来这里的人都知道丑陋的林肯并不对他们的笑话着迷。

林肯很喜欢去一家新开的磨坊，因为那里总是挤满了人，从他们口中可以听到最新鲜的消息。他们谈论最多的是奴隶制的废与立问题。

当时，牧师被认为是最有学问的人。一到冬天，牧师借着教堂里炉火的光辉，大声地朗读《圣经》，为整日辛劳的人们描绘虚幻的天堂美景。人们受到宗教的感染，情不自禁地高唱赞美诗。

林肯却有着超乎他年龄的冷静，他更为关注人类的内心世界，人类的命运比神的启示更牵动他的注意。他常常在家人做祈祷时走神，父亲为此不止一次呵斥过他。

林肯思考时的神情是如此的专注，即使是一位见多识广的长者看见他，也一定会误认为他是一位小哲学家，全然不会想到面前的少年竟然没受过多少教育。

林肯对诗歌也很有兴趣，他经常把自己做的诗读给朋友们听。

林肯既勤奋又聪明，凡是他读过的、听过的和看过的，都会在他的脑海中留下深刻的印象。

林肯不放过任何一个写着文字的纸片，每一个认识的人都是他的老师。"林肯是通过一切感官来学习的。"

后来他的表哥这样描述道，"我们尽情地交流着思想，往往聊到东方发白。"而林肯自己则谦虚地宣称，他的学问都是"顺手捡来的"。

林肯越来越关心南部的奴隶制问题。从别人丢弃的旧报纸中，他了解到美国正在面临一项重大的选择，奴隶制的废立决定了美国将要走向何方。

报纸使他熟悉了许多伟大的政治家，《独立宣言》的起草者杰斐逊成了林肯心中的英雄。每当人们在小教堂里讨论有关的话题时，林肯都是最热心的听众。

他会骑马好几个小时到根垂维尔城去，只为了能在商店的桌子上拿起一份报纸，读那些关于选举的最新消息。

林肯经常作出这些在别人看来很奇怪的举动，大家都笑话他是个怪人，除了他继母以外，没有人能真正理解他心中那份燃烧着的激情。那是因为他头脑中忽然闪现出奇思妙想，丰富的思想愉悦了他平淡的生活。

林肯喜欢在大庭广众面前进行演讲，渴望有人倾听他的心声。为了像一个真正的演讲家那样挥洒自如，他经常走50公里路，去法院听律师们唇枪舌剑的辩论。律师们口若悬河、绘声绘色的辩护和配合得体、雄浑有力的手势令林肯十分着迷。

林肯情不自禁地模仿律师们的法庭辩护，有时还学得惟妙惟肖，但是人们却不理解他，经常指着他哈哈大笑。

有时林肯还模仿牧师的样子对大家讲话，神色很庄重，但那些临时听众们却误以为林肯在和自己开玩笑，每个人都笑得不可开交。

林肯的继母曾说过，林肯真诚地对待生活，面对不公正的人生从不怨天尤人。命运的坎坷没有让他成为心胸狭窄、自私自利的人，反而让他更加宽厚、富有同情心。只要有人遭受了不公平的待遇，他就会出来打抱不平，假如有谁仗着人多围攻弱者，他总会不顾安危挺身而出。所有人都不愿成为他的敌人，大家都知道这个行为古怪的年轻人非常热心，时刻准备着去帮助那些处于困境的人们。

　　这时林肯已经意识到，比起拳头来，笔杆子可能是更为有力的武器。只有勤写勤练才能有效地提高写作水平，锻炼逻辑思维能力。

描绘法制生活蓝图

来到伊利诺伊州以后，林肯赚钱的机会多了，因为附近到处都需要最强壮的帮手，而人们都喜欢喊林肯来帮忙。一次，一艘小船翻了，没有人知道如何营救，大家正在为难之际，只见他把一根粗大树干的一头结实地固定在岸边，又灵巧地攀着树干进入河中心，抓住两个船夫，把他们拉到岸上。

由于这种机智举动，林肯的名声渐渐传遍了这个新的居民区，在这里还没有第二个人能给他们留下强有力和伟大的形象。一切都尚未成形，人们正在寻找这样一位出类拔萃的人物，林肯的能力则初步得到了大家的认可。

这里住着一位独立战争时的老少校，林肯为他修筑了一圈十分坚固的栅栏，为此只得到了几条蓝裤子作报酬；而事实上据他所说，这圈栅栏中每一米距离所用的木料都需要劈上400次。不过这位军官还提供给他书看，对书林肯总是如饥似渴的需要。

▲林肯雕塑

在严酷的冬天里，一次林肯在河里搞运输，不慎翻了船，经过了长时间的游泳和奔跑之后，他来到了过去曾当过法官的一位农场主家，而这时，他的脚已经冻僵了，因此不得不在这个好人家里待了几个星期。有时，他帮着搬搬柴火啦，往桶里加加水啦，总之，干些力所能及的家务活，做这些事儿他已经习惯了。空下来的时间他便读了伊利诺伊州的法典，这是他得以阅读的第二部法典。

林肯把报纸和传单上的议论、邻居们的起诉、流动法庭上的判决和他读过的两本法典上相应的法规放在一起进行综合，加以比较。他发现，私有财产概念是法律观念的基础，偷窃行为很少见，可能要比扭打当中杀人的数量还少，而且人们也感觉偷窃要比杀人更恶劣。

从小时候起，林肯就习惯于自助，从自己的失误中而不是从成年人的指导中学习，由过去那个林肯成长为今天这个青年，他首先是从自身，其次才是从父母和姐姐那里认识到了依赖于他人的痛苦。他必须在这片崭新的土地上独立。

由于种种机遇，林肯最终也能够完成从理论和现实两方面描绘一幅法律生活图像的任务。

过去的那个林肯，内心难道不曾有过一股追寻正义的欲望吗？他难道不曾谴责过动物和人们的苦难吗？可是现在，这个年轻的伐木人林肯发现了国家的有关保护条款，并且十分迅速地理解了它。

令人高兴和惊讶的是，喜欢讲故事的林肯开始在邻居们中间公开演说了。他目前做这些，仅仅是为了让自己把东西记得更深刻，就像当年他总是大声朗读一样。

那时，乡镇大会将要对一项改善河流的决议表决。林肯了解这条河，他曾在河上翻过船，也救过人，而且顺流而下划行了几千公里直到大海。他知道河流必须得治理。

于是一天晚上，林肯随表兄弟去参加了一次不拘形式的农民聚会，并应邀在会上对反对意见进行驳斥。就这样，这个高大的年轻人站到了一个大箱子上，开始了他的演说并很快驳倒了对手。这个从小爱讲故事的青年人已经成长为一名演说者了，但是讲故事仍将是他一生的钟爱。他站在那个箱子上进行的最初的演讲肯定是成功的。

　　差不多同一个时期，林肯从报纸上的文章以及竞选讲话中得到了启发，自己又写了一篇关于美国国家形式以及反对酗酒的文章。神父和律师看过之后，便把它推荐给了一份小报，在那上面刊登了。

　　当然，林肯的强壮要比他的知识传得更远。加之他险中救弱，热情助人，双手灵活，头脑聪明，就有一位名叫奥弗特的农场主挑中了他，派他和表兄汉克斯一同再次驾船向南方运送比上次更多的货物，为此他每月将获得16美元。

　　林肯父亲徒劳地想劝说他这个最强壮的也是最廉价的劳动力留下来帮他。但像林肯这样的青年人更希望外出闯荡，去经风雨见世面。

在战争中丰富经历

1832年4月，美国伊利诺伊州边界上空战云密布，一场以美国移民为一方，土著印第安人为另一方的种族灭绝战正在酝酿中。根据一次签约，原先被强行集中到密西西比河以西特定地区的红种人又在饮马密河驻扎。

4月6日，印第安人索克和福克斯部落的军事首脑已率领着368名面涂油彩、头插鹰翎的战士和450匹战马，以及近千名妇幼跨过密西西比河，杀向伊利诺伊州。

这位67岁的黑鹰军头目断然宣称，他的子民近百年来一直是在罗克河沿岸渔猎种植，后来白人耍阴谋，用烈性酒灌醉了他们，才错误签约，被迫退居河西地区的。如今他们卷土重来，要重建家园，声明条约作废。

黑鹰军团引起了伊利诺伊州的恐慌。这一情况忽然使林肯从无事可做、无钱可赚饿肚子的境地解救出来。于是，他加入到了

1600名志愿兵的行列中，并在自己的中队里被选为上尉。这是他第一次在民主选举中当选，他永远都不会忘记。军队里的装备和伙食都很差，战士们终日在泥泞的道路上徒步行走，他们蹚过河流，越过草原，向西行进。

艰苦的条件没能把林肯压倒，只是他们很少遭遇敌人，一个月以后，中队便自行解散了。然而在短短的一个月里，他却有了一次宝贵的经历：他生平第一次被打败了。尽管从很早他就学会了放弃，从不奢求什么，但他却自始至终都对自己的实力充满了信心。

一天，一个叫汤普森的士兵在摔跤比赛里猛地一下子把他摔了出去。从这次众目睽睽之下的失败中，年轻的林肯学会了承受更大的打击。在此之后，他又向汤普森发出了挑战并两次把对手摔倒在地。但紧接着他又败在了少尉安德森的手下。

其实，战争中林肯又能做什么呢？他既不喜欢跟踪，也

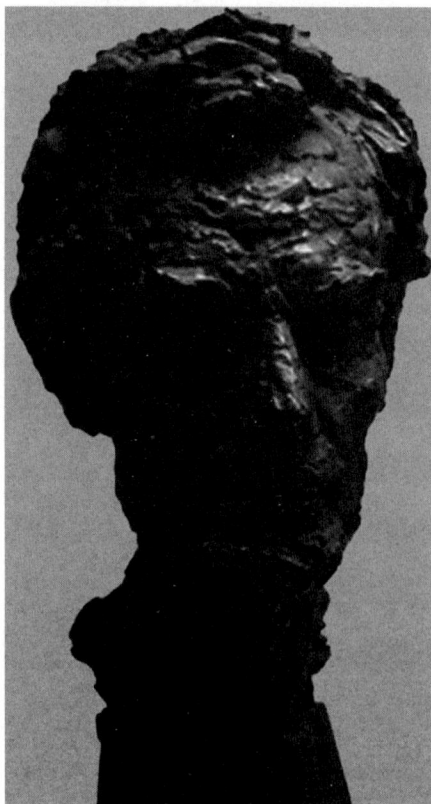
▲林肯雕塑

不喜欢打斗，屠杀对他来说更是大逆不道。他之所以报名入伍，是出于一种责任感，并非是要去追求什么刺激，而且他的那种无计划性也起了一定的作用。

林肯甚至不懂得如何下命令。一次，队伍必须穿过田野，走过一道大门，到了该下命令的时候，他先是苦苦地想了半天，而后突然冒出一句："中队暂时解散，两分钟后在大门的那边集合！"

林肯并没有成为战斗英雄，他曾从自己人手中放走了一个印第安老人，因为士兵们想把这个已经出示了通行证的印第安老人绞死。林肯从未杀过一个敌人，他只会在朋友的屠刀下营救他们。心地善良的他在战争中只留下了这件令人难以忘怀的事迹。

最后，他们终于踏上了归途，先步行，再乘坐自制的木筏，而后再步行，既没有带回鲜花也没有带回奖章。

在战争期间，林肯参加竞选伊利诺伊州议员。他的竞选对手们加大了宣传力度，从战争结束到竞选揭晓留给他的就只有两个星期的时间了，短短的两周时间使他无法进入新的党派，于是，他的第一次竞选计划就这样夭折了。

但尽管如此，他自己村里的乡亲甚至是一些民主党的追随者们都投了他的票。在8月大选的日子里，纽萨勒姆地区共有208人选了林肯，只有三人选了他的对手。面对这样的佳绩，林肯其实应该心满意足了。

　　战争耽搁了他拉选票的机会，然而却丰富了他的经历，他更利用此事大做文章。退伍后他风尘仆仆地到处宣扬他的政见。

　　林肯穿着一件极为短小的混纺牛仔上衣，一条亚麻长裤，戴着一顶草帽四处奔波。只要有几个人聚在那里，他就会走过去和他们闲聊，有时是帮他们做事，趁机介绍他的观点。

　　临近9月，林肯入伍的饷银还要等很久才能到手，现在他失了业，总是心事重重的他必须要填饱肚子，所以只好去找一份稳定的工作。

在穷困潦倒中孜孜以求

林肯购买了一家商店的股份，成为商店另一位股东威廉·贝里的合伙人。

这是他最容易找到的事业，因为他做过生意，当过店员。后来因为生意不好做，他们考虑开间酒店，零售日常用品和酒类。

1833年3月时他们领到营业执照，而该酒店是贝里以他和林肯两人的名义开办的。

在他这儿买进和卖出都可以赊账，根本没法看出生意的好坏、效益的高低。

而且让林肯感兴趣的往往不是顾客的钱袋，而是他们的言谈举止，如果"真诚的亚伯拉罕"身着蓝衬衫灰上衣和一条总是显得太短的裤子站在柜台后面的话，即使你没钱付账，也不愁得不到你所需要的东西。

林肯从早到晚迷恋在书中，反正生意冷清，时间多的是，倒是书不怎么多。

他从一堆废物里找到一本印刷精美的英国法学家威廉·布莱克斯通的一本法律述评，立即如获至宝地读了起来。

之后，他又跑了30多公里路到斯普林菲尔德去找约翰·托·斯图尔特，他是黑鹰战争时林肯的上级，是一名律师。林肯一认识他，就知道他是帮助自己学习法律的最好人选。

除了借阅斯图尔特所藏的法律著作外，林肯还读过吉本的《罗马帝国的衰落》、洛林的《古代史》。

林肯尽可能地多找一些书来读，因为他实在不愿意向那些可怜的人们销售酒，他一直主张节制饮酒甚至戒酒。当酒店营业后，他的良心一直不安，随后他就找了个机会，将酒店的股份让给了贝里。这个店只经营了12个月就关门了。

1833年5月7日，林肯被委任为纽萨勒姆的邮递员，他的年薪从邮务所的收入中提成。这一工作一直延续到了1836年。

这份工作显然成了林肯维持生计的主要收入来源。每周一次的收发邮件工作并不很累，更重要的是，在分发报纸之前，林肯可以先睹为快。

这样，他就读到了许多此前难以问津的内容，还养成了从读报中观察政治动向和钻研的习惯，知识也由此日积月累。

林肯仍旧不断阅读书籍，他读了邮局送来的所有报刊、杂志，顾客们借给他的书报以及当时流行的通俗小说等。

有份《国会环球报》，登载了美国国会议员们的大篇演说全文，他不由大开了眼界。

一个偶然事件改变了林肯的生活。一次，一位旅客行李太多，林肯出于好心买下了他的一个破箱子。

几天以后，他打开箱子，在一堆铁皮盒子和工具当中惊喜地发现了一本残缺不全的

▲林肯半身像

书：那是布莱克·斯通对英国法律的评论，是当时的一本很著名的法律书。

从这本书里，林肯汲取了很多法律知识，后来当他知道，自己能从法官和律师那儿搞到其他法律书籍时，他马上跑到他们那里把书借来，从此便开始离群索居，在家里闭门享受读书的乐趣了。

后来，又有一位博学的医生来到这个地方，林肯经常和他交谈，视野不断扩大。

林肯当时听说一位流浪艺术家虽终日无所事事，只爱钓鱼，但却能背诵莎士比亚和伯恩"整段整段的剧本台词"。

于是，年轻的邮政局长林肯也乐意去找他聊天，从他那借几

本文学书，引导自己走进另外一个更美好的世界。此外，林肯还特别留意找一些故事书来读。

这期间的唯一烦心事是债台高筑，他欠下了许多人的债务，尤其是老搭档威廉·贝里于1835年1月猝死，身后没有留下任何遗产。而且两人的债务全都落到了林肯一人身上，金额多达1100美元，这的确使他痛苦不堪。

因为这1100美元的债务而成为林肯长达14年的负担，甚至他的马和他后来做测量员所使用的测量工具，都在他离开纽萨勒姆时被公开拍卖，以偿付一个猴急的债主。

这个债主实在太不了解林肯了，因为林肯已经答应以后会连本带息还清，而他是诚实而且说话算数的人。

林肯的一位做土地测量员的朋友曾说过，像林肯这么聪明的人，在其他地方一定会赚到更多的钱。1833年秋，林肯应做测量员的朋友之邀当他的测量助手。

朋友把林肯带到了附近最大的一座城市斯普林菲尔德，让他在那里的一所学校里学了一些诸如数学以及如何使用仪器的知识。六个星期后，林肯被作为土地测量员派回了纽萨勒姆村。

那里的工作很忙，土地买卖就在反手之间，测量一条街道能让林肯五天内赚到15美元，绘制出图表，便又可以拿到2.5美元。有时他可以双管齐下，在测量某处的土地时，顺便把那里的邮件带过去，送给收信人。

有时，林肯甚至也会由自己的工作联想到华盛顿，华盛顿就曾在他这个年龄当过土地测量员，当然那是八十多年前的事情了。而且早在当年，华盛顿的薪水就是林肯现在的三倍。

唉！毕竟，并非每个人都会成为华盛顿的。

想到这里，小伙子的脸上绽放出了笑容，吹起了口哨。

林肯自然不满足既有成就，他要求测量工作能够精益求精。技术上的长进，邻里间的信任，更使得林肯在工作中自强不息。一次，他在设计彼得斯堡的一条街道时，竟然打起了一个大弯，违反了街道笔直的原理。

众人大惑不解，纷纷质问林肯。林肯无奈，只得作了一番解释。原来，把街道打直，就势必把寡妇杰迈玛·埃尔摩家的房子划进街心，从而一举拆毁，而她拖儿带女，只有一个小小的农场。

如果没有债务缠身，这种生活应该算是蛮不错了。可惜好景不长，不久，由于那笔1100美元的债务，他的马被当成抵押品拖走了。没有了这匹马，他还怎么能在这里自由驰骋呢？

而后，他的马鞍和仪器也相继被扣押了。后来还是朋友们把他的马赎了回来。

在这段时间里，林肯真是穷困潦倒。他有时还会去朋友那儿，帮他劈柴浇花，哄孩子，讲故事，摇摇篮，而后在那吃饭，过夜。但他的手里总是不离书本，只要心情稍好，他就埋头看起来。林肯的心里是早就绘制了法制生活蓝图的，所以这样的阅读和学习，就使林肯又有了一次新的机遇。

为恩人的后代洗刷冤屈

1833年9月9日，林肯通过在伊利诺伊州最高法院两名法官的主持下的律师业务考试，取得了在伊利诺伊州所有法院里开展律师业务的许可证。此后，林肯与约翰·托·斯图尔特合办了一家律师事务所。

在当时的美国中西部新开垦地区，所谓法院，是采取一种到各处巡回工作的组织方式。

所有检察官、律师、书记官，都一起到乡下去，在所到的各市镇上，开庭审理。

贫穷的林肯，起初是骑一匹从朋友那里借来的马，到后来才自己买了一匹坐骑。

不过，他并没有雇佣马夫，一到投宿的地方，就得自己动手为马洗澡，还得切草料喂马。

这个高个子的大汉，手提着一只大旅行包和一把布伞，昂然骑在一匹瘦马上的样子，简直就像是堂·吉诃德再世！由于林肯较为出色的工作，他被选为辉格党的议会领袖兼议会财政委员会主席。

当时的法庭，往往设在较大人家的木屋里，有时设在学校或教会里。如果一时找不到这种场所，就只有露天开庭了。这样多少带着原始的情调，可是，也因此充满着温暖的人情味。

当时的美国中西部，是民性强悍的新开垦地区，所以，血腥的凶杀案、酒醉杀人案，层出不穷。

一天，林肯听人家谈论着一桩奇异的杀人案件："在梅松乡的一个村子里有一群青年，在酒店里喝醉了酒以后，就开始他们家常便饭一样的打架。打过架以后，第二天早晨，他们之中的一个名叫墨凯的，竟在家里死去了。"

"哦！看来这案子倒有点可疑。那个杀人嫌疑犯，是一个怎样的人呢？"

"是个叫威廉·安斯屈伦的年轻人，是他和墨凯大吵了一架。"

安斯屈伦！当年林肯失业，并欠了人家1100元债务，弄得走投无路的时候，曾经很亲切地收留并照顾他的，不就是安斯屈伦吗？

那时候，林肯还常常为他照看孩子。那孩子的名字，就叫威廉，现在已经长得那么大了吗？屈指一算，那已是20年前的往事了。

"无论如何，我非去救威廉不可！"林肯立刻站起身来，到房间里写了一封信。

这个时候，安斯屈伦已经去世了。当威廉和母亲正为无法洗清冤枉苦恼的时候，他们接到了林肯的来信：

听说你们遭遇了一场不白之冤，你的孩子蒙受杀人嫌疑而被捕了。这个孩子，我绝对不相信他会闯出那样无法无天的大祸来。

这案子一定要受到公正无私的审判。同时，为了报答你们过去给我的长期帮助，我要无代价地来为这个案子辩护。

审判的日子终于到来了。在经过一番细致的调查以后，审判长先把查理斯·亚伦这个自称亲眼看到了行凶的人传上法庭。那人就把安斯屈伦在树林边空地上，怎

▲当律师时的林肯

样杀死了墨凯的经过，活灵活现地在法庭上述说了一遍。

承办这个案子的检察官是个很有名气的人。林肯站起来，对着证人所作的供词，开始提出反问："我先要问证人，是不是在安斯屈伦杀了人离开以后，被害人墨凯才倒在地上的？"

"不是的。在不到30分钟以后，墨凯爬了起来，就由五六个人，把他扶上马，驮回家去。"

"这样说来，墨凯当时并没有死。"林肯笑着，把放在证物台上的一根细长的棍棒，高举在手里。"这是打架时所用的棍子，是不是？"

"是的，没错。"

"有一点，检察官似乎漏问了，打架是发生在什么时候？"

"是在22时30分以后。"

"打架的时间，怎会这样清楚，是不是证人在那时曾看过钟表呢？"

"并没有看，不过因为酒店总是在22时30分关门的。在打架开始以前，大家就闹哄哄地从酒店里出来。我是看到了大家才回去的。"

"好，我还要问证人，他们打架的时候，你站在离现场多远的地方？"

"十米左右的地方。"

"不过还是看得很清楚的，是不是？"

"是的，看得很清楚。因为那晚的月亮照耀得像白天一样。"

"月亮是在哪一边？"

"刚巧在头顶上。像正午时的太阳。"

"那么，我还要问明白一点：证人知不知道，在法庭上故意做伪证，是要受伪证罪处罚的？"

"知道。不过，我所说的话，都是实在的。"

"好。现在，请传讯奈尔逊·瓦特金斯。"

这时候，林肯就盘问另一个证人。他是一个农村青年。又把刚才那根棍子拿过来，举在手里给他看，接着问道："证人有没有看到过这根棍子？"

"看到过，这是我的棍子，是我亲手做的。"

"没有错吧？"

"没错。大约一年前，因为我要捉麻雀，才做了这根棍子的，你看。"

接着，他伸出手来，指着那根棍子的柄说，"在这里，还刻着我姓名的缩写字母。可是，这根棍子太重，用起来不太方便，所以，就把它扔掉了。那是在听到墨凯被杀的消息以后。"

"这样说来，当他们打架的时候，这根棍子还放在你的家里是不是？"

"是的，放在我家衣柜的抽屉里。"

"好，这就足够了。"

接着，林肯又把所有各种证据，仔细看了一遍，又站了起来："各位陪审员，最后，我还要提出一个证据来。这证据，就放在我的衣袋里。"

说着，就从口袋里掏出一个小本子来。他说："在这个小本子里，记载着各种有趣的事情，实在是一本很方便而有用的书。因此，这本书可以证明检察官所传的证人，所说的话都是假的！"

把封面给大家看了看，然后说："这是一本历书。在这本历书里，关于1月25日的夜月，是这样描写的，让我读出来：'在中西部各州，月亮在22时17分落下去。'"

旁听席上，响起一阵惊异的声音，因为这是一个意想不到的反证，而且，是无法动摇的铁一般的事实。

证人亚伦脸色发青，身子摇晃得几乎要倒下来！

林肯斜着眼睛望着他说道："各位，那天晚上，月亮早在22时30分前就落下去了，这是无法变动的科学事实。而且，那个所谓行凶的现场，是在深谷底的树荫里。所以，结果证明证人亚伦是随便捡来一根棍子，作了一篇虚假的证词。"

接着，林肯又不慌不忙地发表意见："各位！法律是公正无私的。我早就相信安斯屈伦无罪。可是，要找出反证来推翻这个撒谎的证人所作的证词，的确是费了不少苦心。当我正在那里研究这案子的时候，昨天半夜里，挂在半空中的月亮，给了我一个启示，所以我才去查查历书。"

林肯接着说："啊！我还不曾有过这样高兴的事情。因为，这个可怜的冤屈者，是我的大恩人的后代。"

"这个恩人，现在已经离开人世了，而他的太太和儿子，正被冤屈折磨得痛苦万分。我能够帮助他们，总算报答了我所受到的大恩的万分之一。"

林肯最后说道："各位陪审员，夕阳马上就要下山了。我希望趁着晚霞的光芒还没有消退以前，对这个遭了诬陷的被告，宣告无罪！"

林肯脸上，挂满了热泪。那些听众，也一个个泪水纵横！

审判长在获得了陪审员的答复之后，很庄严地站起来宣告："被告威廉·安斯屈伦无罪！"

第三章 政海初航

每个人应该有这样的信心：人所能
负的责任，我必能负；人所不能负的责
任，我亦能负。

——亚伯拉罕·林肯

最大的问题是奴隶制问题

1836年12月5日，伊利诺伊州新一轮的竞选又拉开了帷幕，林肯再度参加竞选。经过了一番起起落落，最后他终于当选了。两年后他又再度当选，从26岁到34岁的连续八年期间，林肯一直都是伊利诺伊州州议会的议员。

在这几年当中，林肯并不染指政党内的阴谋诡计和明争暗斗，而是集中精力思考伊利诺伊州的几项重大问题，从而创立了本党派的办事原则并奠定了它的思想基础。

在当时，占据林肯心中的最大问题就是奴隶制问题。他再一次觉得有一只拳头打了过来，那是命运之拳。

关注奴隶制问题，那是年轻合众国的一块心病，在其成立之初就曾困扰过它的创始者们，但被他们巧妙地避开了，现在两种对立的力量愈演愈烈。

奴隶制尽管邪恶，而攻击这种邪恶也不太明智。在力量不够之时，林肯是极为理智的，他一方面谴责奴隶制，却又不主张激进的废奴方式。

在林肯刚刚担任伊利诺伊州议会议员的时候，他明显地感到奴隶制问题越来越明显地成为了关系到美国国计民生的大问题，南部一次又一次地面临崩溃。

关于这个问题，林肯研读了很多历史方面的书籍，他了解到，当年的"五月花"号轮船是如何载着19个黑人漂流到这里，他们是如何满怀着喜悦和忧虑，希冀和恐惧在美洲登陆的，但是他们来到这里的结果却是若干年白人和黑人的刀兵相见，浴血以对。

▲林肯和黑人

林肯知道，人们曾经就是否在宪法当中写入奴隶制进行过争论，其结果是，议会驳回了将其记入宪法的议案，最终只是用这样一段模糊不清的话提到了奴隶制：

各国的公民人数应加入其他五分之三定期在本国服

役的人员数目。

林肯心里非常清楚，这些所谓其他的服役人员无疑便是奴隶了，而通过这种人口普查得出的结果，无疑也会增加南方奴隶主进入内阁的名额，南方派借此在内阁中占据了多数。

与此同时，属于美利坚合众国的西北诸州却做出了这样的决定："奴隶制将在这个地区的所有州份以及即将出现的所有州份中被永远禁止。"这又是何等尖锐的内部斗争！

蓄奴州主张的自相矛盾显而易见，林肯对此非常愤慨：一个崭新的国家，一个同样建立在人人平等基础上的国家，竟允许就连古老欧洲的等级社会中都不曾有过的对人性残酷的束缚在自己疆域内滋生蔓延，把自己的一部分公民变成另一部分公民的私有财产。而国家的经济恰恰就建立在这成千上万毫无权力的人们艰辛劳动的基础之上。

在肤色面前，道德失去了本色，除了用妥协换来锁链以外，这群无依无靠的人又能够怎样来自救呢？

在合众国建立之初，这块土地上只有六个蓄奴州，虽然宪法中写得清楚明白，将禁止任何新蓄奴州产生，但是林肯那个时代，美国国土上还是又顽固地建立起了14个这样的奴隶制州份。

当年，人们要把刚从法国购买来的广袤的路易斯安那划分成几个新州，并在密苏里河口建立一个奴隶制州份时，冲突爆发。

一场人民战争似乎一触即发。

当时，年迈体弱但仍旧德高望重的杰斐逊预言说："这是黑夜里响起的警钟！"为了拯救整个合众国，克莱明显违背了宪法的意志，向密苏里做出了让步，他决定："路易斯安那州北纬36度30分以北的所有地区禁止实行奴隶制，但即将建立的密苏里州除外。"

在此之后的15年里，奴隶制问题日益突出。越来越多的外国人，特别是德国人来到了美国，他们辛勤的劳作，凭借更加精良的机械种植棉花，在灌木林的周围开垦土地，并在密苏里和其他地区代表西部与南部展开了较量。此外他们还种植烟草和小麦，而且不久就把产量提高了四倍。

这些外国人当然也反对奴隶制，他们中的一些人加入了辉格党，并在当时和以后很长一段时间里成了林肯的忠实选民。

新形成的西部壮大了，借助它的力量，北部代表顺势在内阁中提出了要提高保护税额的建议，这一提案在南部引起了轩然大波。

南卡罗来纳人声称将以武力反对政府所作出的任何一种企图提高税收的举措，并断然宣布这一税制永不生效。面对这种情况，美国政府该作何处理呢？下令挺进南方，拘捕那里的暴乱头领吗？万万不可！

于是，人们开始调解矛盾，对南部酌减税额，冲突结果是：

南部取得了胜利，暴乱头领在那里被当作英雄受到拥戴。

在冲突中，南方奴隶主们的自我优越感起了不小的作用。这也许是因为绝大多数的总统来自南方或者为南方效力的缘故吧！那时，谁想在社会上出人头地，那么最好是能靠上一个满世界都知道的南部高贵荣耀的古老家族，给自己撑腰，而无须去理睬北方那些终日无所事事的理想主义者，或者斤斤计较的小企业主们。

首都的气氛也仍旧绝对有利于南方，如果当时没有人在各处宣传南方奴隶们悲惨命运的话，那么人们几乎会给那些优哉游哉的奴隶主们歌功颂德了。

在伊利诺伊也是这样，虽然全世界人民都在声讨奴隶制的罪恶，但是若有一个富有的过路人带着几个黑仆走进旅店的话，这里的女人们还是会伸长了脖子艳羡地瞅上老半天。

举行每届州议会会议的万达利亚又被挤得满满的。81位议员先生分坐在两个大厅里。万达利亚是一座旧式殖民风格的小型建筑，具有木质的讲台和木质的墙壁，还有一个类似首都华盛顿，美国国会大厦的拱顶，因此被人们戏称为"国会大厦"。

在这些人当中，刚刚借钱买了套新衣服的州议会议员林肯正穿着崭新的蓝色西装坐在这个简陋的大厅里，沉默不语。

在议会会议期间，林肯每天能拿到3美元的补助，以及一些墨水和纸笔。现在，他在想些什么呢？

　　林肯是在专心地听着律师和政治家们的演说吗？虽然只是个土地测量员和邮政局长，他也曾走南闯北颇有些见识，而且在过去的日子里他学会了所有他能够学习的东西，这帮演说家未必比他更博学。对他来说，那些讲话的确不怎么精彩，他也没有发现什么出色的大师，换句话说，这些演讲根本引发不出他的灵感和激情。

　　因此，每次会议开始的时候，年仅26岁的林肯总是静静地一言不发，只有当他们回到客栈，其他议员都摘下自己傲慢的假面具时，他才开口给大家讲些有趣的见闻。

　　可就这样，林肯的名气越来越大，一些人给他起了个绰号叫"酋长"；另一些人则以一种怀疑的态度观察着他的沉默。总之，不会有人忽视这个大个子了。

　　就在这些人当中，有一个小伙子对林肯观察得特别仔细。他和林肯可谓是截然不同：矮矮的，胖胖的，宽肩膀，阔胸脯，大脑门，精力充沛，愿意到处溜达，这里听听，那里聊聊，就像是在仔细感受着每一点风吹草动。

　　他是个公务员，民主党人，同样的贫穷，比林肯还略小几岁，他就是斯蒂芬·道格拉斯，来自于一个知识分子的家庭。

　　斯蒂芬·道格拉斯做事有韧劲，能屈能伸，头脑灵活，善于交往，处世圆滑。其性格与做事直率、与独来独往的林肯恰恰相反。有时候，林肯和他也会坐到一起聊聊，但林肯很少像道格拉斯那样认真地注意他。道格拉斯则完全不同，他关注着每一个人，因为他有野心，他希望自己能平步青云，他的眼睛总是盯着那个最高的位置，所以这里所有人都是他的对手。

在伊利诺伊州议会的所有活动当中，斯蒂芬·道格拉斯在心里估计着每个人的分量。最后他自以为是地确认，林肯这个大个子肯定不会危害他的前程。

州议会休会之后，林肯又返回了纽萨勒姆村。

开设联合律师事务所

1837年4月15日，林肯背着简单的行囊，离开了纽萨勒姆村，来到了规模较大、拥有1400名居民的斯普林菲尔德市。

林肯在他的马鞍袋子里装进他的全部财物。他仅有的东西便是几本法律书籍和几件衣服。他同时也带着一只旧的蓝色短袜，里面装着一些铜板。

林肯是骑着借来的马到达斯普林菲尔德的。他在公共广场的西北角勒住马，走进了约书亚·斯庇德开的百货商店里。

林肯此刻需要的家具得花17美元，那的确不贵，但他没有现金。于是他便说："如果你能让我赊账到圣诞节，同时我在此地做律师开业顺利的话，我会在那时如数偿还。万一我不走运，那就只好继续欠下去了。"

约书亚·斯庇德听到这么哀伤的声音时，不觉抬起头来。他看见了他这一辈子从来不曾见过的一副忧郁哀伤的面孔，他便起了恻隐之心。

斯庇德后来不胜感慨地说道，林肯问话时的"可怜兮兮的声调使我油然生起了恻隐之心，我从来都没有见过如此忧伤的面容"。

斯庇德当时就向林肯说："假使这么小的一笔债都能如此地影响你，我想我能够提供一个建议，使你不致招来任何债务，而且也能够达到你的目的。我有一间很大的房间和一个很大的双人床，如果你愿意的话，你尽可与我共床。"

林肯问道："你的房间在哪里？"

"在楼上。"斯庇德边说着，边指着那个通至斯庇德卧房的楼梯。

林肯二话不发就将马鞍皮袋子放在手臂上，然后走上楼去。他将它们搁置在地板上，再下楼来，高兴地叫："实在太好了！斯庇德，我太感动了！"

就这样，林肯从此便和斯庇德一起睡在商店的楼上，而且不付任何房租，直到斯庇德五年后卖掉他的商店。他同斯庇德抵足而眠，抵掌而谈，莫逆于心，长相为友。这是他在定居斯普林菲尔德时结交的第一位好友。

而后，他的另一个朋友是文书威廉·巴特勒，他接林肯到他家里去，不但供给他四年食宿，并且还替他购置了好多衣服。

志同道合是林肯结交朋友的基础。他到斯普林菲尔德后除了结交斯庞德和巴特勒之外，还与欧文·拉夫贾伊成为患难中的一对好友。拉夫贾伊成为林肯终生不渝的"最忠实的朋友"。

林肯与朋友新开设的联合律师事务所恰好和巡回法庭的审判室同在一幢楼里。这栋两层楼房坐落在斯普林菲尔德市的霍夫曼路，审判室设在楼下，楼上是联合律师事务所。

联合律师事务所因处于草创阶段，资金匮乏，一切设施从简。那时林肯的这位朋友正忙于竞选国会议员，事务所的工作大多由林肯全权处理。在负责办理诉讼案件的间隙，林肯仍然保持与选民们的广泛接触，争取他们在政治上的支持。

办事踏实，不务虚名，是林肯的最大特色，也是他广泛交友的成功所在。这正合了"土帮土成墙，穷帮穷成王"的古谚语。而两袖清风，克己奉公，则是林肯事业有成，在政治上逐步崛起，成为出类拔萃人物的先决条件。

1838年，林肯在斯普林菲尔德的青年学会发表了一篇题为《永葆美国政治制度之青春》的演说，

▲林肯在办公之余

阐述了一些极其重要的思想精髓，表达了他对美国的未来、人身自由和个人义务的热爱。他向年轻一代听众指出：

不管什么时候，听任一小撮歹徒滋事生非，听任他们烧毁教堂，抢劫仓库，破坏印刷机，枪杀编辑，随心所欲地吊死或烧死他们所讨厌的人，听任他们逍遥法外，那我就可以断言，这个政府必定短命。

林肯呼吁大家行动起来，保卫革命先驱者用生命所赢得的权利，不让这一权利受到侵犯。

这是林肯29岁时所持政治观点的倾情直露，演说的内容是精辟的，扣人心弦，言近旨远。

1838年夏天，林肯再次参加州议员的竞选。8月6日投票结果表明，林肯在17名候选人中名列榜首。同年12月，州议会在万德利安开会时，辉格党人提名林肯为州众议院议长候选人，结果落败，林肯仍然担任州议会中的辉格党领袖。

1839年3月4日，州议会休会，林肯从万德利安返回斯普林菲尔德，重操他的律师旧业。

在感情与理智的激流中挣扎

  1839年，有一名女子来到城里追求林肯，还决意和他结婚。她就是玛丽·托德。玛丽·托德家世显赫，她的祖上曾出过将军和州长，父辈中有一位后来做过泰勒总统的海军部长。她的父亲当过肯塔基州参众两院议员，做了20年肯塔基州列克星敦银行总裁。

  玛丽比林肯小9岁，是个急脾气的人。尽管曾在列克星敦一所贵族学校受过教育，却只使得她举止高傲，目中无人，自信心过度膨胀，总以为自己有

▶年轻的林肯夫人玛丽

一天必定会做总统夫人。

在林肯面前的这个女人美丽大方，高度适中而略胖，圆圆的脸蛋，深褐色头发，蓝灰色的眼睛，说话则时常带点法语，因为她的法语很好，并且是正宗的巴黎口音。现在，她面带微笑，和蔼而迷人。

年轻的林肯自从结识了玛丽小姐，就被她的风采和妩媚所吸引。这位泼辣而又有才的少女在"上流女校"受过教育，会讲一口流利的法语。她体态丰盈，容光焕发，性情活泼，善于交际。

1840年，在林肯和玛丽认识一年之后，双方订了婚。这时，她的姐夫和胞姐双双反对，认为她和林肯出身不同，不是门当户对的佳偶，还指责妹妹屈身下嫁，是自暴自弃的表现。玛丽听了大不以为然，她理直气壮地说，林肯很有前途，是她所接触到的人中"最中意的对象"。

玛丽有做总统夫人的野心，她要使林肯成为举止讲究、风度翩翩的绅士。她的心中常常浮现父亲的影子，那个衣着整洁、头戴礼帽、脚套长靴、手执金杖气度超卓的绅士，她希望林肯也能如此表现。穿上那身新衣服的林肯先生多么神气呀！玛丽陶醉地看着，仿佛自己在总统夫人之路上又更近了一站。

林肯的确没有辜负她的期望，虽然林肯在社交场合常常不知如何是好，在女性面前他的长胳膊、长腿也成为他的累赘，常令他不知所措，不知所云。

　　然而，当林肯站在大众之前，在大众的烘托之下，他的长腿使他显得如同鹤立鸡群，他的长胳膊有力地挥动，指引着大众的激情，他们被他才华横溢的演讲所打动，他们吹着口哨、抛着帽子，向他表示欢呼及拥戴，他们使林肯沉浸在成功的喜悦之中。

　　玛丽·托德和亚伯拉罕·林肯订婚后不久，她就想改造他。因为林肯在热天时从来不穿上衣，通常仅穿一条背带吊着的裤子，若有纽扣掉了，他就削一根木钉把衣服缀起来。他还在帽子里摆上一些乱七八糟的东西。

　　玛丽像是一匹马，希望能迅速的抵达目的地，她的急躁脾气也使她快人快语毫不留情，而林肯像牛一般慢吞吞的反应令她发狂。林肯开始收回他恍惚的目光，手执他仅剩的一根背带，安静地说不出话，他难以理解她为什么会莫名其妙地发火。

　　玛丽小姐是怎么了？林肯觉得她越来越没有耐心，而他也逐渐对她失去了爱意。他的牛脾气使她的马脾气失去控制。

　　经过这番举动，解除婚约看来是不太可能了，林肯看着结婚日期渐渐逼近，真正体会到爱尔兰人怕绞索的滋味。

　　林肯解除不了婚约，而他又不想和她结婚，但他此时已无法再拖延了，使他陷入更深的忧郁之中，即使他久经风霜的神经也难以忍受那时光飞逝的重压，而那一天终于来了。

　　1841年1月1日，爱德华兹的私宅焕然一新，房间里鲜花烂漫，壁炉里火光熊熊，孩子们嬉笑追逐，大人们谈笑风生。

　　这新年的第一天天气格外晴朗，阳光分外灿烂。这一天，斯普林菲尔德最有前途的辉格党领袖的婚礼正在如期举行。玛丽·托德等待着新郎前来迎娶。大蛋糕摆上了桌子，客人们纷纷前来致贺。

　　黄昏来临，夜幕降临，该来的都来了，只有新郎没有来。寻找的人们找遍了斯普林菲尔德的大街小巷却不见他的踪影。客人们告别了爱德华兹的房子。玛丽跑进了自己的房间，她伤心落泪扯掉婚纱，扑倒在床，羞愤而绝望。当人们最后找到林肯时，发现他在自己的律师事务所内喃喃自语。他立即被宣告精神失常，用以解释他为什么不去迎娶新娘而为玛丽挽回脸面。

　　林肯的内心在挣扎。他是一个言出必行的人，而事实上他食言了，他在最后一步抽身而使整场戏因缺少主角而失败。林肯在感情与理智的激流中挣扎，理智告诉他，他必须兑现承诺，感情告诉他，他丝毫不喜欢她，而且与其结婚而忍受她的火暴脾气还不如逃掉。最后他分不清到底哪是理智哪是感情，他感到极端压抑，濒临崩溃。

　　逃婚后三个星期，林肯在收到斯图尔特的信后回信给他，这封信写得悲惨至极。林肯写道：

　　　　我现在是世界上活着的最不幸的人。假如将我所有感受平均分给全人类，那么地球上再也找不到一张笑

脸。要我保持现状是不可能的。在我看来我不是选择死
亡，就是要把自己的精神控制好。

斯庇德怕他去寻死，所以林肯就被带往路易斯维尔附近的斯
庇德母亲家中。

在这里，林肯得到一本《圣经》并被安顿在一间幽静的房子
里，窗户朝着一湾清溪。溪水蜿蜒地流过草原，通往一公里以外
的森林。

在此后的两年内，林肯完全不理会玛丽，只希望她把他忘
了，并希望她能改嫁别人。但她始终不肯改嫁，主要是因她的自
尊心所使然。

玛丽决定要对她自己和那些轻蔑或怜悯她的人们证明，她是
能够并且一定会和林肯结婚的。而林肯也是下定决心不和她结婚
的。事实上，林肯心意非常坚定，所以在一年之内就向另一个女
子求婚了。她叫萨拉·李卡德，是巴特勒夫人的妹妹。

一天，林肯跟她谈论《圣经》，说在《圣经》里亚伯拉罕跟
萨拉结婚，现在他们的名字正意味着天意，于是林肯向她求婚。

萨拉却毫不犹豫地拒绝了，理由很简单，他们的名字也许天
造地设，但是他们的年龄却天差地别。她才16岁，根本很少考虑
结婚这类事。而林肯32岁，他迫切需要结婚，只要不是玛丽，谁
都行。

　　林肯为当地的《桑加芒报》写社论，主编西蒙·法兰西斯是他的一位密友及支持者。法兰西斯的妻子常爱管闲事，以月下老人自居。一天，林肯应法兰西斯夫人之邀前往她家，他不知她同时还邀请了玛丽小姐，于是冤家路窄，两人再次有了接触。

　　林肯无法逃避，硬着头皮再次向玛丽求婚。她终于等到了挽回脸面的一天，她一直不肯嫁人，一直希望他回心转意，并曾说只要林肯先生愿意随时可再次向她求婚。

　　玛丽知道林肯出于维持他的名誉不得不和她结婚，他这头牛被安上了辔头，在她的牵拉之下不吃回头草才怪呢！而她作为马却从来不曾离开那片草地。

　　1842年11月4日，这天是星期五，在林肯有点迷信的心中是个不吉利的日子。这是个秋日的上午，当33岁的高大的林肯和24岁娇小的玛丽走向圣坛时，林肯感觉似乎毫无幸福可言。在这之后，他曾以一种绝望的口吻说过一些稀奇古怪的话。在那张小小的婚礼宴席桌前，他也兴高采烈地讲了些故事，因为那天是"灰色的星期五"，而且新婚夫妇都很迷信，他想活跃一下气氛。

　　一切都匆匆忙忙地进行，而匆匆忙忙烤做的蛋糕上的奶油却不能匆匆忙忙地冷却。林肯匆匆忙忙地穿上新衣、擦着皮鞋，巴特勒家的小儿子以为他要出门，问他上哪，林肯冲口而出："我想是到地狱去罢。"

　　想到婚后的恐怖，林肯不禁有些颤抖。他脸色苍白地出现在婚礼上，无法掩饰内心的紧张，看上去简直像去屠宰场。婚礼终于结束了，他和他的新婚妻子住进了环球酒店，食宿费每周需要四美元。

不久后，林肯在一封商务信件中写下了这样几句话：

这里除了我的婚礼以外没有什么其他新鲜事，结婚对我来说纯属意外。

除了这封信外，林肯还写过其他很多关于他这次婚姻的信件。这些信件在很大程度上说明了他内心的不安，字里行间也暗示了他的绝望，死亡问题带给他的苦恼，以及活在现实中所受的地狱般的煎熬。而这一切都发生在婚礼进行曲响后的一年当中，在充斥着市民气息的圈子里！

玛丽既然成为林肯太太，她就得夺回她的尊严。她不停地抱怨他的衣冠不整、仪容欠佳，他的手太大，他的腿太长，他有时竟然一条裤管扎在靴内，而另一条则套着靴子。

斯普林菲尔德有11名律师，而他们不能全在那里谋生。于是他们常常就骑着马从一个乡镇转到另一个乡镇，总是随着大卫·戴维斯走遍第八司法管区里许许多多不同的地点出席法庭。

别的律师们总是设法在每个星期六赶回斯普林菲尔德，与家人共度周末。唯独林肯没有这样，因为他害怕回家，所以总是在春季的三个月，以及秋季的三个月里一个人逗留在外边巡回，从不走近斯普林菲尔德。

玛丽总是在抱怨，因为当她的朋友们走进房子时，林肯从不起身相迎，也不会走过去接她们的外衣表示欢迎，甚至当访客离开时，他也不会到门口送客。

林肯喜欢躺着读书。下班回家后，他就即刻脱掉他的上衣、皮鞋以及领带，并把他前边的背带解开，再把走廊上的一把椅子翻倒在地，在它斜背上放枕头，然后将他的头和肩头靠过去，四肢舒展地躺在地板上。

一位妇人曾和林肯家人同住两年，她说：有一天晚上林肯正好躺在走廊上读书，恰巧有客人来。不等仆人去开门，他就跳起身来，穿着衬衫就走过去，把客人们引进客厅里，还说他愿意为她们引路。

林肯夫人在隔壁房间看见妇女们走进来，又听到她的丈夫如此开玩笑的话后，她便大发雷霆，说要给他好看，他却高兴地溜出屋外。直到夜深人静时才回来，而且是由后门悄悄地溜进来。

林肯夫人常常因为花园里没有花草树木而抱怨。于是林肯就种了一些玫瑰花，但他一点也不关心它们，不久它们便因失去照料而枯死。即使后来她催促他布置一个花园，其结果也还是长满了野草。

虽然林肯不大喜欢劳动，但他还是喂养并刷洗一匹名叫"老白"的马。他也喂养自己的牛并亲自挤奶而且也锯家用的木材。林肯时常心不在焉，总是沉溺在出神的状态中，看起来就好像已经忘却了这个世界和其中的事物。

在星期日，林肯总是把婴儿放进一部小推车里面，然后在家门口那崎岖不平的人行道上推着来回地走。有时小孩子会突然跌出车外，但是林肯还是依然推着，而他的一双眼睛盯着地上，一点都听不见他背后那号啕大哭的声音。

林肯根本不晓得到底发生了什么事，直到林肯夫人从门口探出头来，以尖锐的声音向他大骂。

有时林肯在办公室劳碌了一天，回到家来，看到她却视而不见，也不说话。他对食物很少感兴趣，她将菜肴准备好后，经常要费一番力气才能把他叫进餐室。尽管她叫着，他却好像没有听见。他总是坐到餐桌边，望着天花板直发呆，直到她再催促他。

夫人常批评林肯从来不管教孩子。因为过分疼爱他们，所以就看不见他们的过失。但他却从不忽略称赞他们的好行为。林肯曾说过："我喜欢我的孩子们自由快乐，且不受父母专制的管束。爱才是把孩子和父母连接起来的原动力。"他纵容他的孩子们有时又显得太过度了。

一次，当林肯和最高法院的一位法官在下棋时，罗伯特来通知他的父亲吃饭时间已到。林肯回答："好，好。"但是因为下棋太专注了，所以他又忘记了，然后又继续下棋。

孩子第二次来，说母亲已催促他们。林肯又答应说快好了，但仍然忘记。第三次罗伯特又来喊，而林肯也第三次答应了，但仍然继续下棋。于是，这孩子突然一下子把棋盘踢得比玩棋人的头还高，棋子到处乱飞。

但事后，林肯显然还是未曾想到要教训他的儿子。有时在星期天的早晨，林肯就带着小孩子到自己的办公室去。在那里，他们被获准可以捣乱，所以他们就在书架上乱翻，接着搜抽屉，又乱倒盒子，还把铅笔丢进痰盂中，甚至把墨水瓶翻倒在纸上，也将信件散落一地，并在上面乱跳。

林肯却从来没有责怪过他们，也没有向他们露出一个父亲常有的厌烦表情。夫人难得一次到办公室去，但当她去时，总是会被吓一大跳。

因为那地方可以说是没有秩序的，到处堆满了东西。甚至将好多文件卷成一束，并在上面写着"如果在别处找不到，请翻翻这一束吧"。

玛丽很轻视长辈们，也十分瞧不起托马斯·林肯一家人，她以他们为耻辱。所以林肯怕即使他们来了，她也不肯接待他们进门。

所以23年来，林肯的继母住在离斯普林菲尔德120公里以外的地方，只有他去看她，而他的继母却从来没有到过他家。

在林肯结婚以后，唯一到过家里来的一个亲戚，是个远房的堂妹，名叫哈烈·杭克斯，是个性情温和且头脑清晰的女子。

林肯本着基督一般的忍耐来容忍着这一切，很少去责难夫人。她越闹越厉害，次数也愈频繁。

林肯的朋友们都为他难过。他没有家庭生活，也从不邀请他最亲近的朋友来家里吃饭，就连横登或戴维斯法官都没有请过，而他自己也是尽可能地避开玛丽，晚上就在律师图书馆和其他律师们闲聊，或是在迪勒药房里跟大家讲故事。

林肯的夫人是一位泼妇，林肯曾多次被她用扫帚赶出家门，只要林肯对别的女人多看上一眼，她就必定大吵大闹。

有一次，林肯夫妇在一家旅馆里和客人们一起吃早餐，林肯不知讲了句什么话惹恼了太太，她不由分说，立即端起一杯热咖啡，当着众人的面，劈头盖脸地向林肯泼去。林肯满脸羞惭地坐在那里半晌不说一句话，旁边的几个女士连忙拿来手巾替他擦脸和衣服。

这个事件或许足以折射出林肯夫妇二十多年的婚姻生活状态。

"他太太的暴虐脾气简直要把他逼疯了。"甚至连邻居也这样说。大家之所以这么说，完全是根据他们看到的和不想听也能听见的一切。

"林肯夫人的嗓门十分尖厉，"参议员拜尔瑞治说道，"即使隔着一条街都能听见。她家附近的邻居总能听见她的尖声怒骂。有时她还用其他方式宣泄自己的怒火，然而无论采用哪种方式，事后她对自己的粗暴专横总能有一套头头是道的说辞。"

用赫尔顿的话说就是"她在领着丈夫跳一支令对方头晕目眩的舞蹈。"

赫尔顿还说他知道为什么玛丽会如此暴躁地发泄自己心中的怒火和不满，那是因为她的报复心在作怪。

"他曾经令女人独特的骄傲和自尊蒙受过奇耻大辱。"赫尔顿意味深长地说道，"而她认为自己的人格在众人的眼睛里降低了一大截。那么，她的爱情就会被复仇心所占据。"

她总是埋怨和批评她的丈夫，丈夫在她的眼里简直一无是处，他走路哈腰，走道姿势难看，脚丫子一甩一甩地就像印第安土著。她埋怨丈夫走路时步伐没有弹性，一举一动欠优雅。她还模仿他的"丑态"，并且唠叨着说，他应该把脚尖儿往下压，因为这是她从曼苔勒夫人那里学来的。

她觉得他那对又大又扇风的耳朵长得很别扭，嫌他的鼻骨长得歪，下嘴唇突出像个兜兜齿。还说一看他就是个爱乱花钱的人，因为他长得粗手大脚，而脑袋却很小。他对自己外表形象那大大咧咧的态度正好与她异常敏感的个性相抵触，这令她感到极其失望和不快。

赫尔顿说："在这一点上，林肯夫人倒不全是在无理取闹。"人们总能见到林肯先生把一条裤腿塞在皮靴里，而另一条就耷拉在外面。他日常穿的皮鞋一看就知道很少擦，更别说上鞋油了。再看看他的衣领，确实是早就该换件衬衣穿了。

吉姆斯·科利和林肯夫妇做街坊有好几年了，他这样写道："林肯先生每次走进我家时，几乎都是趿着一双拖鞋，腿上穿着一条褪了色的、只有一条背带的吊带裤。他自己戏称为'单带裤'。"

如果天气热的时候碰巧赶上他出门在外，就会看见他穿着那件脏不拉及的汗布风衣当外套，那衣服背面上的大片的汗渍和污垢活像一幅洲际地图。一名曾和林肯同住一家旅社的年轻律师这样描述他临睡前的穿着，一件自家做的黄色法兰绒长睡衣，那件睡衣的底边刚过膝盖"，年轻律师不由得惊呼："他是我所见过的最不成体统的人。"

林肯难得梳理一回满头杂草般蓬乱的头发，因此，即使在人群当中，他那马的鬃毛一样的乱发也十分醒目。玛丽为此气得简直说不出话来，她刚刚帮他梳理好，一会儿工夫就又乱了。他有一个习惯，总爱把金融书籍、商业信件以及法律卷宗顶在帽子上。

有一天，林肯要在芝加哥的一家照相馆照相，摄影师要他把自己修饰一下再照，可他回答道："要是把仪表整洁的林肯肖像拿到斯普林菲尔德去，恐怕就没人认得是我了。"

餐桌上的礼仪和讲究对林肯来说似乎不存在。他拿刀具的手法很没规矩，刀叉往盘子里一通乱放。他吃鱼或面包时，总嫌餐叉太费劲而索性上手。有时，他会斜着餐盘把里面的肉或者排骨倒进自己的碗里。玛丽在餐桌上没少和他发生过口角之争，因为他经常用自己用过的刀子去切黄油。更有甚者，当有一次他把鸡骨头往刚端上来的苣菜盘里放时，玛丽简直快被气昏了。

林肯喜欢躺着看书。只要从办公室回到家里，他马上就脱去外套和鞋子，摘掉衣领，把那只有一条背带的裤子从肩膀开始往下褪。拿个枕头垫在椅子背的斜面上，把自己的头和肩膀靠在上面，而腰部以下的部分就平展在地板上。

就这种姿势看书他能一躺就是几个小时不动窝。多数时间他是在看报纸，有时也读一本名叫《阿拉巴马的动荡岁月》的小说，这本书讲的虽然是地震的故事，但是情节非常幽默风趣。再有，就是诗集，他读过很多诗作。无论看的是什么，他都喜欢大声地念，这个习惯是他在印第安纳州的"野鸡学校"读书时养成的。他认为高声朗读的好处在于能对视觉和听觉起到双重刺激作用，从而加深记忆力。

有时候，林肯会闭上眼睛，诵读一段莎士比亚、拜伦或者艾伦·坡的诗作，比如下面这段：

美丽的安娜贝拉

伴着朦胧的月光

走进我的梦里

梦寐以求的

不是闪亮的星星

而是美丽迷人的

安娜贝拉的眼睛

林肯夫人的忌妒心很强，她对约瑟华·斯皮德没有好感。她怀疑就是这个人怂恿林肯缺席上次的婚礼。结婚以前，林肯习惯把寄给斯皮德的信的末尾写成"诚挚的爱献给芬尼"。但是，结婚以后，林肯夫人嫌这句话过于肉麻，要他改写成"问候斯皮德太太"。

林肯总把别人对自己的帮助记在心里，这是他的优秀品格之一。为表达自己的感激之情，他答应要把自己的第一个儿子取名为约瑟华·斯皮德·林肯。可当玛丽·托德一听说此事，她立刻就大吵大闹起来，说这是她的孩子，应该由她来给孩子起名！但决不会用约瑟华·斯皮德这个名！而应该叫罗伯特·托德，随她父亲的姓。

其实，把这个孩子取名为罗伯特·托德实在不当，他是林肯四个孩子里惟一长成大人的。艾迪在1850年年仅四岁时就死于斯普林菲尔德了；维利长到十二岁时死于白宫；1871年，泰德刚满十八岁，死于芝加哥；1926年7月26日，罗伯特·托德·林肯死于曼彻斯特弗蒙特，享年八十三岁。

林肯的表弟约翰·汉克斯曾经这样评价他："除了爱梦想以外，亚伯拉罕对于日常的家务都不在行。"玛丽·林肯对这个说法很是赞同。

林肯对于抽象思维较为擅长和沉迷，而对于人间琐事则心不在焉并且相当健忘。

晚饭之后，他总要痴痴地望着炉火发呆。这时候，孩子们就在他的身上爬来爬去，揪扯他的头发或者向他问话，而他似乎对孩子们的纠缠没有反应。他会突然讲一段笑话或者顺口朗诵几句诗：

> 哦！惟有逝者的灵魂将成为永恒的怀念！
>
> 好似瞬间即逝的流星；
>
> 仿佛飘飞的云彩
>
> 看那耀眼的闪电；
>
> 看那迅急的浪涛
>
> 人的一生竟是如此短暂！

林肯不属于任何一个教派，因此，他总避免和朋友们谈论宗教问题。不过，有一次，他对赫尔顿说自己的信仰和一位名叫克莱恩的印第安纳老人差不多，这位老者在一次教堂集会上说道：

"做了好事，我的感觉就是好的；做了坏事，我的良心就会不安。这就是我的宗教信仰。"

当孩子们长大一点的时候，他会在星期天带他们出去溜溜弯儿，而从前，他只把他们留在家里，自己和夫人去基督教长老会教堂。过一阵，泰德找不到自己的爸爸就会跑到大街上，在布道开始的时候冲进教堂。只见他头发蓬乱、鞋带也开了、双手和脸蛋粘满了脏兮兮的泥土。他的出现使得衣着整洁体面的林肯夫人很感吃惊和尴尬。这时，林肯会十分平静地伸出他那长长的臂膀，亲昵地把小泰德拉到自己的胸前。

星期天的早上，林肯会把他的孩子带到自己的办公室来，并且允许他们在这里随便玩。"他们很快就会把书架上的书弄得乱七八糟。"赫尔顿说道。

林肯夫人很少来办公室，偶尔来时总会被眼前的情景惊得目瞪口呆。难怪她会这样，因为这里实在乱得一塌糊涂，东西堆得到处都是。

就如斯皮德说的那样"林肯是一个有节律而无条理的人"。

在办公室的一面墙上有一大块黑斑，那是一名学法律的学生把墨水瓶扔向某个人的头顶所留下的。这间办公室很少有人打扫和擦洗，甚至有一些草籽在书柜顶上的尘土中发了芽。

在很多方面，林肯夫人称得上是全斯普林菲尔德最节俭的家庭主妇。她的奢侈行为多数是为了在人前炫耀。在林肯夫妇尚不宽裕的时候，她买了一辆马车用以应酬那些社交活动，为此，她一个下午就要付给邻居家的男孩二十五美分把自己拉到城中心去。其实，这里只是一个不大的城镇，她完全可以步行或者雇辆车，但是，她不能那么做，那样会令她觉得掉价。无论当时他们的经济状况多么窘迫，她都能找到钱买回几件超出实际购买力的衣服。

1884年，林肯夫妇以一千五百美金的价格买下了牧师查尔斯·戴斯尔的宅第，正是这位牧师在两年前主持了他们的婚礼。这所房子有卧室、厨房、客厅、书房；后院有厕所和畜棚，林肯的老马和奶牛就住在里面。

起先，这所房子对于玛丽·林肯来说就像人间天堂。与那昏暗、简陋的寄居所相比，再加上刚刚拥有的新奇感和满足感，令她觉得这里十分优越和舒适。可是没过多久，完美的感觉就开始消退，取而代之的是挑三拣四。姐姐的住处是两层楼的大房子，而这里只有一层，高度是人家的一半。她曾经对林肯说过，一个男人不能为住上只有一层的平房就感到满足。

通常来讲，当她向林肯提出买东西的要求时，他是从来不去问那东西到底需不需要，而只是说："你想要什么就去买吧。"

可就这回的问题，林肯的内心很抵触妻子的说法，房子虽然不大，可是足够全家人住了。他只是一个穷人，俩人结婚的时候，他一月就挣五百美元，而且收入一直也没增加。他自己明白没有那么多钱去买更大的房子，那么她也应该明白这一点。可是，她却总埋怨唠叨个不停。最后，为了让她闭嘴，他就请了个经销商来估算价格，并且告诉此人故意把价钱抬高。随后，林肯把数字拿给妻子看，她倒吸了一口气，他以为这下可算是消停了。

但是，他过早乐观了。当他再次外出办公时，她又请来一位木工师傅重新进行了估算，从而得到了较低的价格，于是她要求马上动工。

当林肯从外地回到斯普林菲尔德走在第八大街上的时候，他几乎认不出哪个是自家的大门了。碰上了一位相识，他用嘲讽的

▲林肯的一家

口吻郑重地问道："陌生人，你能告诉我林肯先生究竟住在哪里吗？"

作为一名律师，他的酬劳并不很多。按他自己的话"收入刚好和账单持平"。可现在刚一回家就发现一笔不小的木工费用又压到了他的肩上。他说过这使他很感沮丧。

而林肯夫人对于丈夫的批评和不满有个惯用的方针政策，那就是反击。她暴躁地埋怨他不知道怎么挣钱，也不会合理地花钱，还把律师服务的收费标准定得过低。

这些都是她最爱挂在嘴边的委屈，也许很多人听了这番话就会站在她的同一立场上。其他律师们也经常被林肯那低廉的收费所触怒，并且声明他的做法会使律师业沦为低收入的行当。

到了1853年岁末，林肯已是四十四岁的年纪，距进入白宫还差八年。他在麦克里恩地区共接手过四桩案件，而全部收费相加只有三十美元。他说大多数他的客户就像自己一样并不富裕，他不忍心向他们收取过高的费用。

有一次，一名男子付给他二十五美元作酬劳，而林肯把其中的十美元退还给了人家，并且说道："您实在是太慷慨了。"

还有一次，一个骗子企图骗取一位精神失常的女孩手中价值万金的家产，林肯仅用十五分钟就取得了胜诉，从而保护了女孩的利益。判决刚结束，他的同事沃德·莱蒙就拿着二百五十美元和他分红。而林肯却声色俱厉地斥责了同事的行为，莱蒙辩解说这钱是事先说定了的，而女孩的兄长心甘情愿支付这笔钱以示答谢。

"也许一切如你所说，"林肯反驳道："但是，我不愿意这样做，因为这钱出自一个精神失常的可怜女孩，我宁愿饿死也不会以这种方式骗她的钱花。你至少要按数目的一半退还给她，否则我一分钱也不要。"

再来看另一件案例：一位老年妇女作为"革命战士"，理应领取四百美元，而一家抚恤金代理机构只付给她二百元。这名妇女又老又穷，林肯替她起诉了这家代理机构并且赢得了官司。过程中不仅分文未收，还帮她付了旅店的账单，为她买了回家的车票。

一天，寡妇阿姆斯特朗满面愁容地来找林肯。她的儿子达夫被告在酒后争执中杀害了一名男子，她恳求林肯快来救救自己的孩子。林肯在纽萨勒姆的时候就认识阿姆斯特朗一家。当达夫还是婴儿的时候，林肯曾经摇着摇篮哄他睡觉。阿姆斯特朗夫妇素以粗野凶猛闻名乡里，然而林肯喜欢他们。达夫的爸爸杰克·阿姆斯特朗曾是"林男儿团"的首领，但是林肯在摔跤比赛中制伏了这个肌肉发达的莽汉，留下了一段脍炙人口的佳话。

现在老杰克已经作古了。林肯面对陪审团做了一段律师职业生涯中最为感人肺腑的慷慨陈词，终于把达夫从绞刑架下挽救了出来。

　　这个寡妇全部的财产就是四十亩耕地，她要把耕地转送给林肯。而林肯的回答是："大嫂，几年以前，当我穷困潦倒、无家可归的时候，是您收留我、替我缝补旧衣衫。所以，您的钱我一分也不能拿。"

　　林肯经常劝他的客户庭外解决纠纷，并且为客户做免费咨询。有一次，他拒绝接受一个辩护。他说："那名被告实在太可怜了，他是个穷苦的残疾人。"

　　他那善良的心地和体谅他人的品格并不能换回金钱，反倒常常受到玛丽·林肯的责怪和谩骂。在她眼里，林肯像是个不通世事的傻瓜。而别的律师都通过不择手段地收取各种费用和再投资从而步入了富人行列。戴维·戴维斯和罗根就是很好的例子。对了，还有斯蒂文·道格拉斯也在芝加哥投资了地产生意。道格拉斯聚拢了大笔资财甚至摇身变成了慈善家，他捐给芝加哥大学十亩地用于建教学楼。他现在还是国内知名的政治领袖之一。

　　玛丽·林肯经常会念及此人，她是多么希望自己当初嫁的是他！要是做了道格拉斯夫人，她就能成为华盛顿社交界的耀眼人物，她就能身穿巴黎时装去欧洲旅行，还能和女王共进晚餐，没准哪天就能入住白宫。然而，这一切眼下看来只是一场黄粱美梦而已。

　　而作为林肯夫人，她的未来又将是怎样一番景象呢？估计自己的丈夫只能按照目前的状况延续下去，一年中有一半的时间都骑着马出差在外，而把自己一个人撇在家里。她只能从他身上感受到极少的爱慕与温存。多么大的差异！早年在曼苔勒夫人那里求学时就做过的罗曼蒂克的美梦和现实生活之间有着多么令人苦痛的差异啊！

正如前面所说到的，在很多方面林肯夫人是相当节俭的，她很为自己操持家务的能力而自豪。她购买生活用品时筹划得非常仔细，一日三餐也非常俭省，就连喂猫的食物她也决不浪费。补充一句，林肯夫妇没有养狗。

林肯夫人买了许多的香水，一瓶接一瓶打开往身上点几滴，然后就马上退回去。她向店家抢白说这些都是劣等货，与当初吹嘘的不符。她屡次使用这种伎俩，后来商家就不得不拒绝满足她购货的要求。那位香水商人的账本至今还能在斯普林菲尔德找到，上面有一行用铅笔做的标记：香水被林肯夫人退回。

她经常会和各种商贩发生口角。举例来说，她觉得卖冰的人给她的冰块分量不足，她转过身对着小贩劈头盖脸就是一通尖声斥责，引得半个街区的邻里都跑过来看热闹。

这是她第二回这样尖叫着数落卖冰的小贩，因此，小贩发誓要是以后再来卖给她一块冰就是活见鬼。

这个小贩没把自己的话当儿戏，他果真停止了做她的生意。这下子她不好办了，因为没有了冰是不行的，而那个人是城里惟一的供应商。因此，玛丽·林肯有生以来第一次屈尊向别人赔不是了。但是，她并没有亲自出面，而是交给邻居二十五美分替自己到城中心跑一趟，劝说那个商贩继续送冰给自己。

林肯的一个好朋友办了一份叫做"斯普林菲尔德共和党人"的报纸。此人在城里到处为报纸做宣传，林肯也就订了一份。当第一份报纸被送到家门口时，玛丽急了。怎么又来了一份毫无用处的报纸？当自己为每一分钱精打细算的时候，而他却在浪费！

面对妻子满怀怒气的一连串责难，林肯为了安抚她就说自己并没有要求报社把报纸送过来。这的确是真的，他只同意付钱订阅这份报纸，并未特别说明要对方送报上门。律师说话果然讲究策略！

当夜，玛丽背着林肯给报社编辑写了一封带着火药味的信，信中她说对这份报纸并不看好，并要求对方马上停止送报上门。

她的这封信带有很强的侮辱性，因此编辑就在报纸的专栏里做了公开答复。随后又写信给林肯要求予以解释。此事的公开把林肯搞得很狼狈，他羞愧难当地回信给报纸编辑，尽最大努力说明这一切都是个误会。

林肯曾经想邀请继母来新家过圣诞节，但是遭到了玛丽的严词拒绝。她十分看不起林肯的家人，而林肯也担心如果家人真的来了，玛丽能否认他们做亲戚。林肯的继母住的地方离斯普林菲尔德有七十公里之遥，在整整二十三年中，只有林肯去探望过继母，而继母从未见过他的房子到底是啥模样。

　　林肯结婚以后，只有一位远房亲戚来到他家串过门。她就是表妹哈瑞特·汉克斯，一位活泼可爱的小姑娘。林肯十分喜欢她，为了她在斯普林菲尔德上学方便就留她在家里住下。这下可好，林肯夫人不仅把小姑娘当成了女仆使唤，还变着法地让她干一些苦力活。林肯哪能容得下这种不公平的待遇，结果自然是不欢而散。

　　玛丽对她雇用的女仆总是横挑鼻子竖挑眼。在领略了她一两次咆哮发作之后，这些女孩就先后打点行囊溜之大吉了，背后女主人的谩骂声依然不绝于耳。在她家干过活的那些人对她很是反感和轻视，她们还警告其他同行不来为妙。这样一来，林肯一家很快就上了当地仆人的黑名单。

　　这使得玛丽十分恼火而且不明所以，她只得写信雇请那些"粗野的爱尔兰人"。可是，所有来到她家干活的爱尔兰人果真变得"粗野"而令她难以忍受了。最后，她公然宣称如果自己比丈夫活得久，她就迁到南部地区度过晚年。

　　那些和玛丽从小一起在莱克星敦长大的人对奴仆们的失职和粗野从不宽容。如果一名黑奴有了过失，他就会被绑到广场的圆柱上接受鞭打。托德家的邻居就曾把六名黑奴鞭打致死。

　　在当时的斯普林菲尔德一提"大个儿"很多人都知道。他有一辆破旧的马车和几匹骡子。他把自己这套交通工具戏称为"快速运输"。不幸的是，他的侄女来到林肯家做帮佣了。只过了几天，女仆和女主人之间就吵了起来。这个姑娘把围裙往地上一扔，收拾起箱子，大步走出了房间，把大门在身后砰地一声撞上了。

当天下午，"大个儿"就赶着他的那辆骡车转弯抹角来到杰克逊第八大街，对林肯夫人说他要取回侄女丢下的行李。林肯夫人闻言大怒，对来人和他的侄女破口大骂，并且威胁说如果对方胆敢进入房间她就动手打人。"大个儿"带着一肚子怨气冲进林肯的办公室要求他必须让妻子为此道歉。

林肯用心地听了对方讲的事情经过，然后哀伤地说道："对您所说的一切我深表歉意，但是不瞒您说，您所受的冤屈只是这么一小会儿，而我可能要几十年如一日地受煎熬。"

俩人的会谈以"大个儿"反过来开始同情林肯的处境而告终，他还向林肯道歉说打扰了他的工作。

居然有过一个女佣在她家干活干了两年有余，这使得邻居们大为惊讶。其实原因很简单，林肯私下里给了这名女佣一点额外的好处。当她刚进家门的时候，他把她拉到一边，坦率地告诉她将面临什么样的精神压力，即使他会同情她，但也帮不上多大忙，她必须自己想开点。如果她同意留下来，林肯答应由自己每月多付十美元给她。

女主人"这座火山"一如既往地在喷发，然而，有了那份额外的金钱和精神支撑，女佣玛丽娅坚持了下来。当林肯夫人唇枪舌剑地宣泄一通之后，林肯会找个机会偷偷溜进厨房，拍着女佣的肩头开导一番："你做得很好，鼓起勇气，玛丽娅，继续留下，继续留下吧。"

后来，这名女佣嫁人了，她的丈夫当了格兰特将军手下的兵。当李将军的队伍投降之后，她马上赶到华盛顿提出复员请求，因为她和孩子们需要丈夫和爸爸。林肯很高兴去看望这个女人，和她坐在一起叙旧。他还想邀请她来家里吃晚餐，但是玛丽不答应。他送她果篮和钱让她去买几件衣服，还对她说第二天再打电话来，他会送给她通过防区的证件。但是，她并没有打那个电话，就在当晚林肯惨遭暗杀。

林肯夫人长期处于一种怨恨和易怒的情绪之中，多年来她就这样狂暴地发泄着内心的焦躁和仇恨，很多时候她的举止言谈简直就像个疯子。这可能和她原来的家庭有关，因为玛丽的父母本是一对表兄妹，估计是这种近亲之间的结合造就了她那暴虐乖张的秉性。她周围的一些人包括她的神经内科医生都担心她正处于早期的精神分裂症状。

林肯以基督徒般的内心承受着这一切而很少责备她什么。但是，他的那些朋友就没有他那么柔顺了。

赫尔顿把她贬为"发了疯的母猫"和"一只母狼"。

特纳·丁先生是林肯的崇拜者之一，他把玛丽说成是"地狱中的魔鬼"、"女魔头"。并且声称亲眼见过心中的偶像被她从家里一次又一次地赶出来。

住在华盛顿的总统秘书约翰·海依先生更是极不客气地称其为"恶俗女人"，还说最好少让这个女人的恶名上报纸。

卫理公会教的牧师就住在斯普林菲尔德，离林肯家很近。他和林肯是好朋友，他的妻子曾证实说林肯夫妇的家庭生活很不愉快，经常看见林肯太太抡着扫帚把林肯赶出家门。

杰姆斯·科里住在林肯家的隔壁足有十六年之久，他形容林肯太太"像是恶魔附体"，还说她是个疯婆子，满脑子的猜疑和幻觉，所有的邻居都能听见她那刺耳的哭闹声。她还要求在她的房前屋后派人看守，因为她总觉得有个恶人要害她。

随着时间的推移，她那恶虐脾气的发作越来越频繁、越来越粗暴。林肯的朋友们对他深表同情，因为家庭生活对他可以说是不存在的。他连最亲近的朋友伙伴都没有请到家里来做过客，即使是赫尔顿和法官戴维斯这样的密友。而他本人也在尽量避开玛丽，无数个夜晚他都是和几个律师一起在阅览室里度过的，或者来到迪勒尔的杂货店给众人讲故事打发时间。

深夜里，总能看见他独自一人低垂着头，走在僻静的小巷里，神色暗淡忧伤。他常说："我害怕回家。"有理解他的境遇的朋友看见他，就会把他领到自己家里过夜。

没有人比赫尔顿更了解林肯那痛苦的家庭生活内幕，他在所撰写的《林肯传》中写道：

　　林肯从未有过真正意义上的知已，因而他无法向别人敞开心扉。他从没对我说过他心底的秘密，而且据我所知，也不曾和别的朋友说起过。这无疑是一个巨大的精神负担，但他默默独自地承受了。即便他不说，我还是能感觉到他内心的消沉。

　　他不是一个习惯早起的人，通常等他到办公室的时候已经是九点钟了，而我总会先于他一小时到达。不过，我记得有一回天刚破晓他就来上班了。我刚一踏进办公室的门，看见他已经在那里了，立刻就意识到肯定是他家庭生活的那潭死水昨晚又起了波澜。

　　只见他一会儿躺在长沙发上呆呆地望着天花板；一会儿又把两脚搭在窗台上而上半身蜷缩在扶手椅子里。我进门时他连眼皮也没抬一下，只是咕哝了一声"早上好"。而我迅速地拿起纸笔忙碌起来，或者翻看几页法律文件。但是，他的忧郁沉闷压得我都有些透不过气来了，遂找了借口说要去法院办点事，只要能马上离开这间办公室就行。

　　办公室的门外是一道窄窄的走廊。走廊的一面几乎全是有窗帘的玻璃窗。我找借口离开的时候，顺手就把窗帘拉上了。当走到楼梯最下面一层的时候，我能听见钥匙在锁孔里转动的声音，那是林肯把自己禁闭在孤独郁闷之中了。我先在法院的职员办公室待了一小时，然后又跑到附近的商店再消磨一个钟头。在外面待得差不多了才往回溜达。

办公室里有个顾客在咨询，林肯讲解法律条文的时候能暂时驱散一下郁积在心头的不快。顾客走后，他一个故事接一个故事地讲给我听，他这样做是为了摆脱早晨那段恼人的回忆的折磨。中午时分，我要回家去吃饭。一个小时后回来的时候，我发现他还在办公室里，其实他的家离得并不远。只见他正在吃一片奶酪和几块饼干。这简单的午饭是他在我离开的时候从楼下的商店买上来的。

分手的时间是傍晚五、六点钟的样子，但他迟迟不肯离去，不是坐在楼梯口的箱子上和路人开玩笑，就是站在法院的台阶上和行人打招呼。直到法院楼上办公室里透出的灯光告诉他天已经很黑了，人们都该睡觉了，这位身躯高大的、未来的总统才慢慢移动身体，静静地走在树木和楼房投在地上的暗影里，向着自己家的大门走去。

也许有些人会认为我所说的过于夸张了。真是这样的话，我的回答就是，他们根本不了解实际情况。

一次，林肯夫人对林肯进行了长时间的、近乎野蛮的攻击，这使得林肯实在忍无可忍了，尽管他怀着"不要对任何人怀有敌意，要把爱心施于众人"的坚定信条，他仍然丧失理智地抓住她的胳膊把她推向大门口，嘴里喊着："是你毁了我的生活，是你把这个家变成了地狱。你该受到诅咒，你给我滚出去！"但是，所有的这一切都无济于事。

假如林肯娶的是安娜·拉特利奇，那他肯定能过得非常幸福，但是他就不会成为总统。他的想法不够机敏，动作也比较迟缓，而安娜绝对不会逼迫他去谋求政治地位的显赫。可是，玛丽却对于有朝一日问鼎白宫万分痴迷。因此，她刚一嫁给林肯就马上催促他去竞争共和党代表的提名以便日后进入议会。

这简直是一场激烈的战斗。他的政敌们一上来就指责他是个没有宗教信仰的人，而后又抨击他趋炎附势，甘当贵族阶层的工具，因为他通过和傲慢不可一世的托德家族联姻而依附上了权贵。

林肯意识到这些荒谬的恶意中伤无非是想毁坏他的政治前途，于是，他立即对这类指责做出了反应，说道："自从我搬到斯普林菲尔德居住以来，只有一位亲戚来串过门。当他离开这座小城的时候，还被别人认定偷过一只口琴。诸位请看，如果这也算是所谓的贵族家族一分子，那我真是无话可说了。"

选举终于开始了，可是林肯却落败了。这是他政治生涯中的第一次失利。

两年后，他再次参与竞选而获胜。玛丽·林肯立即心花怒放，把这视为仕途上的良好开端。她定制了一套晚礼服，并且把那双时髦的法国女靴擦得锃光瓦亮。她的丈夫刚一到达首都，她即刻写了一封贺信，信中称其为"光荣的林肯"。

她也想去华盛顿居住，她对社会地位极其渴望，相信荣耀就在前面向她招手。可是，当她来到东部和丈夫会合以后，才发现一切和她预期的有着天壤之别。林肯正因为穷困而不得不向斯蒂文·道格拉斯伸手借钱以支付日常开支，直到他从政府那里领到了第一笔工资款，境况才得以缓解。

这样一来，林肯夫妇就只得在位于郊区边上的斯普里格斯太太的寄居所落下脚来。而斯普里格斯太太这地方没有柏油路，便道也是用石头子和土灰铺成的。屋子里不仅光线幽暗而且连水管也没有。后院里有厕所、鹅圈和一个小菜园。不过，隔壁邻居家的几头猪总闯进来啃噬地里的蔬菜，斯普里格斯太太家的小男孩每隔一阵就得拿着木棍跑出来把猪赶走。

当时的华盛顿市还没有垃圾收集服务设施，所以，斯普里格斯太太就把废品垃圾倒在后街的小巷子里，全靠乌鸦以及四处活动的猪和鹅把废物吃掉。

林肯夫人发现华盛顿的上流社会的大门对自己是紧闭着的。被拒之门外的她只能暂且栖身于这阴暗的寄居所，和斯普里格斯太太那几个被惯坏了的小男孩生活在一起，听他们在菜园里赶猪时所发出的烦人的吆喝声。

这些固然令人失望，但是和那暗藏着的政治灾难比起来简直不值一提。当林肯步入众议院的时候，美国正在向墨西哥发动一场历时二十个月的战争。这是一场为人所不齿的侵略战，目的是故意刺激国会对奴隶问题的反应，以及通过领土的扩张和赞同奴隶制度的议席增加使奴隶制更加繁盛起来。

美国在这次战争中得到了两点好处。得克萨斯原属墨西哥，后来分离了出来，美国迫使墨西哥放弃了对得克萨斯州的主权，另外，美国还掠夺并瓜分了墨西哥一半的国土，包括新墨西哥、亚利桑那、内华达和加利福尼亚。

格兰特将军曾说过这是历史上最不道德的一场战争，他为自己加入了这场战争而感到羞愧。战争中，很多的美国士兵都起义并投靠了他们的敌人。在著名的圣安娜战役中，就有很多美军官兵投靠了对方。

此时，林肯大胆地站在议会讲台上，做了一件很多共和党人都不敢做的事情，强烈谴责总统发动了一场"残暴的侵略和屠杀、有辱国格的战争"。他无比气愤地说道："上帝已然忘记了要保护弱小和无辜，转而开始纵容刽子手和地狱里的恶魔来到人间残害男人、女人还有儿童。"

首都的公众对于林肯此次的演说并没有做出多大反响，因为当时他还不知名。但是，在斯普林菲尔德地区却掀起了波澜。伊利诺斯州派出了六千士兵奔赴了前线，大家都相信这是为了自由的事业而战。可是，他们选出的代表却在国会上把这些士兵说成地狱里的恶魔和刽子手。愤怒的党派成员召开集会大骂林肯是"低能儿"、"懦夫"、"无名小卒"。

集会做出如下决议：他们永远无法忍受如此恶毒的诬蔑，决不能让这种诬蔑强加到那些活着的勇士们和战死疆场的英灵们的头上。那必将唤起每一个有良知的伊利诺斯州人的强烈愤慨。

这愤慨在那些人心头整整郁积了十多年。当十三年后林肯竞选总统时，上面那些谴责还被扣到林肯的头上。

"我等于在政治上自取灭亡。"林肯向他的律师朋友做过如此坦白。

由于害怕回到家乡面对那些心怀怨恨的选民，他就努力在华盛顿找职位以便留下来。他设法要保住土地管理委员会委员的职位，但是他的想法落空了。他又努力自荐做俄勒冈州的州长，并且希望成为那里第一位进入国会的州议员，但是他的这一想法再次落空了。

因此，他又回到了斯普林菲尔德那间布满灰尘的办公室，重新驾起那辆老马拉的摇摇欲倒的轻型马车。他驾着这辆破马车穿行于第八法律行政区，简直成了全伊利诺斯州最狼狈、最灰心的人。

现在，他下决心要忘却所有关于政治的事情，而把全身心都投入到工作中。但是，他很快发现自己难以理清工作中的千头万绪，脑子里就像有一团乱麻。于是，他开始训练自己集中注意力。为增强分析问题的能力，他特地买了一本几何书，随时带在身上。

赫尔顿在传记里写道：

在乡间小客栈里，我和林肯经常共睡一张床。大部分床铺的长度对他都不太够，因此他的脚总会露在床外面。他通常在床头点亮蜡烛，借着烛光认真学习。我曾不止一次见到他以此种姿势一直读书到凌晨两点钟，而那时碰巧和他共用一间客房的我或者别的同行正在酣梦之中。就是在这种四处奔波、居无定所的情形下，他学会了欧几里得几何，并能够轻松论证习题和公式。

在掌握了几何知识以后，他又开始学习代数、天文学，稍后开始准备一篇关于语言的起源和发展的学术报告。但是，任何其他领域的学习都比不过对莎士比亚研究的兴趣浓厚。从纽萨勒姆的杰克·科鲁索那里所受的文学方面的熏陶被永久地保持了下来。

不知从几时开始一直伴随到他生命的结束，林肯身上有个显著的性格特征，那是一种深沉的、难以言表的哀伤和忧郁。

当杰斯·韦克协助赫尔顿写作这卷不朽的林肯传记的时候，他曾经觉得关于哀伤部分的刻画有夸大言过之嫌。因此，他后来就去找那些曾和林肯有过多年密切接触的人，和他们就自己的疑问进行了讨论。这些人包括：斯图亚特、惠特尼、玛西尼、斯怀特还有法官戴维斯。

经过与这些人深入讨论之后，韦克语气坚定地说："这些人从未看出林肯本人对自身的忧郁倾向有丝毫觉察。"赫尔顿随即表示认同，而后补充说道："在足足二十年的岁月里，如果林肯有一天是真正快乐的，那便是我没有见到。那磨灭不掉的哀伤的神情无疑就是他最为显著的性格特征。忧郁伤感伴随了他的整个人生之旅。"

在外奔波时，他经常会和两三同行同睡一屋。黎明到来之前，他的室友经常会被他的语无伦次的自语唤醒，一睁眼就发现他正呆呆地坐在床边。过会儿，他翻身下床去生火，又开始对着跳动的火苗呆坐愣神良久。忽然就冒出这句话"哦，惟有逝者的亡灵将化作永恒的怀念"。

他孤独而没落地走在大街上，对过往的路人仿佛视而不见，别人和他打招呼，他也无动于衷。即使偶尔和某人握手，他也不知道自己此时在做什么。

约翰森·伯奇怀着深深的崇敬回忆道：

在我们出席布鲁明敦的法院会议期间，林肯总能把法庭内外的听众逗得大笑不止。然而没过多久，他就陷入深深的思索当中，没有人敢对他有一丝一毫的打搅……有时，他把椅子斜靠在墙上，双脚踩在椅子下面的横梁上，膝盖向上翘起，双手交叉着放在膝头，帽子压得低低的，盖住那无限忧伤的双眼。一幅多么令人黯然神伤的画面！这幅画面我已不只见过一回，即使是最亲近的朋友也不好意思在这种时候去打扰他。

议员拜尔瑞治曾经对林肯的生平做过最为详尽细致的研究，他得出这样一个结论：

自从1849年直至其生命的结束，沉重的伤感成了林肯个性的主导。那是一种常人难以理解的、极为深沉的伤感情怀。

然而，林肯身上所具有的无穷无尽的幽默感和讲故事的高超技巧和他那独特的忧郁个性匪夷所思地结合到了一起，两者形成了鲜明的对比。

就连大法官戴维斯有时也会驻足倾听他所讲的幽默故事。

"他总会被人群包围，有时听者多达二三百人。他走到哪里，周围人总是笑声不断。"赫尔顿说。有个目击者说，当林肯讲的故事一出现的时候，人们会大声欢呼甚至从椅子上掉下来。

那些和林肯较亲密的朋友都认为他的伤感主要由两件事所造成：政治生涯的磨难和悲剧性的婚姻生活。

动荡艰辛的岁月随着时间的推移在逐渐成为往事，一件将扭转林肯命运的事件发生了。自此，林肯踏出了他进入白宫的第一步。

而促成和背后推动这件事的正是林肯夫人的旧情人斯蒂文·道格拉斯。

当选国会议员挺身发言

1839年12月，根据林肯的倡议，在斯普林菲尔德举行了全州辉格党首届代表大会，林肯在这次会上被选为州的辉格党中央委员会委员。

大会还提名俄亥俄州前国会众议员、参议员威廉·亨利·哈里逊为美国总统候选人。

林肯对哈里逊深表赞赏。原因是哈里逊代表了俄亥俄州、伊利诺伊州、印第安纳州、密执安州等西北部人民的利益，更主要的是哈里逊曾挺身而出，投票反对过蓄奴州的密苏里州加入联邦，结果失去了他在国会中的席位。

1840年的总统竞选运动进行得十分激烈。以民主党的在职总统马丁·范·布伦为一方和辉格党总统候选人以威廉·亨利·哈里逊为另一方的两派展开了猛烈的角逐。

1837年美国的第一次经济大萧条，使范·布伦的声望一落千丈。辉格党人攻击民主党执政时间太长，造成美国经济恐慌、市面萧条，要求快快下台。

大选揭晓，威廉·亨利·哈里逊以234票对马丁·范·布伦的60票的绝对优势轻取白宫宝座，成为美国第九任总统。可惜好景不长，这位68岁的哈里逊只当了一个月的总统，就因病去世。时为1841年4月4日。

在1843年，林肯力图使辉格党能提名他为国会议员，后来这一努力没有成功。

1844年，林肯选定一位比他小9岁的威廉·赫恩登作为新开业的律师事务所的合伙人。

赫恩登是一个激进的废奴主义者，他向往光明，对自由和正义充满着无比的热情，深受普通百姓的喜爱。他以洁身自好、上进心强而赢得了林肯的信任。

林肯对奴隶制观点一直十分鲜明，也总觉得激进的废奴主义者煽动立即解放黑奴的主张弊多利少，无助于奴隶制度的尽快废除。

一次，林肯曾问到赫恩登："是什么东西促使你认为必须根除奴隶制呢？"

赫恩登爽然答道："我是从内心深处觉得必须这样做的。"

1846年5月1日，自由党人提名林肯为国会议员候选人。

他的竞争对手是民主党人彼得·卡特莱特牧师，他曾在1832

年击败林肯而当选为伊利诺伊州议员。

卡特莱特的手下散布流言，大造舆论，说林肯是基督教的公开嘲笑者，甚至还讲过"耶稣是私生子"，指责他对信仰有偏见。

为此，林肯在一份传单中说："我不属于任何基督教教会，这是事实，但我从来不否认《圣经》中的真理，在我的谈话中也从来没有有意亵渎宗教的地方，更没有冒犯过任何基督教教派。"

在这份传单中，林肯还说："我只觉得任何人都无权去伤害

▲位于林肯故乡的林肯塑像

他可能生活于其中的公众的感情和伦理。"

站在大众这一边，尊重他们，至少不冒犯他们，可以说是林肯一贯奉行的信条，除非不得已。

有一次，林肯专程前去聆听卡特莱特牧师的布道。只听牧师喊道："那些愿把心献给上帝的人，那些想进天堂的人，请站起来。"但见一些人站了起来。

牧师又喊道："所有那些不愿下地狱的人，请站起来。"

这次只见除了林肯外，全体都起立。

于是卡特莱特牧师说话了："林肯先生对上天堂和下地狱都没有作出反应，那么请问，林肯先生你想到哪去呢？"

林肯没料到会被点名。

他站了起来，郑重地说道："我认为对待宗教问题必须严肃。对于卡特莱特牧师所提的问题，我承认都很重要，但我觉得我并不需要像其他人那样回答问题。卡特莱特牧师很关切地问我要到哪去，我必须坦率地回答：'我要到国会去。'"

到投票日那天，林肯落选了。

两年后，林肯又去竞选终于得到了胜利。进入国会时，美国早已和墨西哥交战20个月了，这是一场不体面的侵略战，全是由国会中那些主张蓄奴的人们有计划地闹出来的，为的是要国家多取得一些蓄奴的地域，并且多选举一些赞成蓄奴制度的议员出来。

在那一次战争中，美国成就了两件事。得克萨斯州以前是属于墨西哥的，而后脱离了墨西哥。

美国便强迫墨西哥放弃对得克萨斯的一切权益，并且处心积虑地抢夺了墨西哥原有领土的一半，并划分为新墨西哥州、亚利桑那州、内华达州及加利福尼亚州。

格兰特说过，那是有史以来最邪恶的战争，而自己曾经参战是永不能宽恕的。

林肯在国会上挺身发言，他抨击总统发动了一场抢掠谋杀的战争，一场强夺和不义的战争。

同时又声称天上的上帝居然忘记保护弱小无辜的人民，竟然允许这些强悍的杀人者和地狱里上来的魔鬼尽情地杀戮，使得正直人的土地荒芜且遭受浩劫。

林肯的讲话尽管在国会并没有造成太大的震动，却在他的家乡伊利诺伊州激起了巨大震荡。卑鄙、怯懦、无耻、叛徒等恶意称呼全被加在林肯的头上。

1849年，林肯失去了公职，从华盛顿又回到家乡斯普林菲尔德，将全部精力重新倾注在律师事务上。他又在第八审判区巡回，成为全伊利诺伊州中最凄惨落魄的人。他决心要把政治全盘放弃，专心从事自己所热爱的律师工作。

从这段时间起直至去世为止，亚伯拉罕·林肯最显著的特征，是那深刻又无法以笔墨形容的忧伤形象。有时他在街上走着，也会因为他太消沉，而忽略了在路上碰见或向他打招呼的人们。偶尔他会和人握手，却不知自己在做什么。

熟知林肯的人们都承认，他那无底的忧伤是有两个重要原因的：他在政治上的失败和他不幸的婚姻。

母亲的早逝，父亲的不理解和责难，缺少故乡的感觉，过去一系列的失败，这种种遭遇令林肯的情绪披上忧郁的色彩。

正如赫尔顿所言："他走路的时候，忧郁仿佛马上就会从身上抖落下来一样。"

然而令人惊讶的是，即便经受重重磨难，即便忧郁总是如影相随，林肯都不曾仇视过他人，并很容易受到情绪上的感染。如果他在音乐会上听到了忧伤的歌曲，准会迅速地把歌词记下来。

忧郁使林肯常常迷失、流连在自我的世界里。林肯曾经在芝加哥的一个家庭里度过一夜，事后这家的主妇回忆说，林肯先生似乎完全陶醉在美丽的夜色中了。

陷于忧郁和遐想之中的林肯，他飘游的思想在这个美丽的夜晚仿佛忽而飘上了星座，又忽而降回到陆地，就在飘忽不定之间，他不断地整理自己的思绪，从清晰到游离，又从游离到清晰。有一次，他去纽萨勒姆给一个老友扫墓。在那里他见到了许多多年不见的老朋友。

当人们注视着林肯并等他讲话的时候，就在那一刻，他脑子里是一片空白，说不出一句话来，于是他只好打个手势，而后就一言不发了。显然，身陷忧郁之中的林肯并不是总能控制住自己的神经，他个人非常清楚，只有不断地调侃才能使他在抑郁之中保持精神平衡，因此，笑话成为调剂他生活的重要成分，尤其是那一大堆荒诞不经的故事简直成为调节他身心的一味良药。

也许是令人难以想象，林肯甚至经常随身携带一本幽默大全，就像别人随身携带着威士忌和嗅盐，时而需要补充一下能量一样，他也需要幽默时常来排解一下自己忧郁的情绪。

林肯自己也不喜欢忧郁，甚至想把这种忧郁"连根拔起"，为此，他曾长期服用一种蓝色的药丸，不过在他入主白宫后就停止服用了。后来据美国的一些杂志报道，退休医师兼医疗历史学家希尔施霍恩在进行了大量的研究后说，这些药丸含有水银成分，若长期服用足以致一个健康的人死于非命。

一家杂志说："如果林肯没有意识到那种小药丸使他'脾气暴躁'并停止服用的话，他就不会那么沉着稳健地指挥军队，取得内战的胜利了。"

后来，科学家们复原出美国19世纪，也就是林肯那时候常用来治疗忧郁症的那个药方，该药方中包含高达750毫克的水银，这一数字远远超过安全线。即便是人们按照惯例每天服用两次或者三次，也极可能中毒。林肯担任总统以前脾气极为暴躁，与药丸中含有的水银不无关系。

实地考察黑奴生活

林肯对奴隶制一贯是深恶痛绝。他曾经说：

> 劳动是我们人类的共同负担，而有些人却竭力要把他们分内的负担转嫁到别人头上，这是造成人类连续不断的灾祸的根源。

大量的黑人从事着繁重的劳动，然而令林肯惊讶的是，这些黑人没有愤怒、没有怨言，他们只是安安静静地接受被奴役的现实。

林肯对这种现象百思不得其解，他想弄清楚是谁在用道义做幌子，从上帝的"福音"里捞更多的好处。

看到奴隶主们为了维护自己的利益，想出各种各样的理由来欺世盗名，他疑惑地问自己，难道上帝的使者们，还能拿出什么正当理由来解释黑人们的悲惨命运吗？

南方奴隶主们有一套冠冕堂皇的理论来为这种现实进行辩护，他们唱着高调说："对黑人们来说，难道这样的生活不比流浪好许多吗？"

为了避免直接提到臭名昭著的"奴隶制度"的字眼，这些顽固的南方奴隶主们"亲切"地称之为"我们的体制"。

在奴隶主们看来，"奴隶们的自由是令人费解的麻烦事"，如果奴隶们获得了自由，世界将会为之崩溃。

在这些白人奴隶主的观念中，对黑人奴隶的控制、奴役是一件天经地义的事情。

他们认为让白人们在田间辛苦耕种、操作机器、砍柴伐木、追捕野兽，是无法想象、违背常理的。

他们甚至认为，奴隶制度是他们从祖辈那里，经历了几个世纪继承下来的精华所在，也是他们最明智的选择。

林肯对奴隶主们的谬论大为不解。

林肯认为，没有黑人的艰辛劳作，美利坚合众国怎么能有今天的繁荣景象？就拿棉花的生产来说，黑人种植、收获了棉花，而后这些丰收品被当作原材料源源不断地被输送到美国的工厂。

没有黑人的劳作，那些道貌岸然的大老爷们在英国如何保持"体面"的生活？谁能想象那些满嘴仁义道德的奴隶主们，愿意起早贪黑地在毒太阳底下种植麦子？

　　强壮的黑人奴隶在白人奴隶主的役使下艰苦劳作，然而可笑的是，他们的劳动换来的是比白人小姐、太太佩戴的项链更为"精致"的锁链，也许这些黑人的父辈们是无论如何也想象不到此情此景的。

　　相比之下，白人奴隶主们却心安理得地享受着一切：在炉火旁品尝着威士忌，在教堂享受着神圣的洗礼，憧憬着自己死后能进入极乐天堂。

　　带着这诸多的疑问，林肯决定到现实世界中看看黑人的生活。他在考察中发现，平原上，低矮破旧的黏土小茅舍一间挨着一间，屋内空空如也。门前的小火炉旁，上了年纪的女奴们正在用破旧的锅煮着玉米糊糊，偶尔还会看到有的锅里零星地点缀着几粒豆子。林肯深切地体验到，眼前的状况和奴隶主们吹嘘中的供给奴隶的"美食佳肴"显然是有着天壤之别。

　　林肯还听说，也有极少数的黑人奴隶在加班加点地劳作之后，会得到极为有限的几美元作为奖励，然后买些自己渴望已久的烈性酒。但是很明显，这种情况实在罕见，如凤毛麟角，只有指望某一天高贵的奴隶主突然心情极佳，甚至是头脑一热，才能有这样的仁义之举。

　　走到田间，林肯细心地观察着这些黑奴的劳作状况。在夏天炽热阳光的无情照射下，只见这些大多用锁链拴着的黑奴赤裸着上身，而且他们每天必须干足14个小时。

▲林肯与废奴主义者特鲁斯在一起

即便是在风雪交加、寒冷刺骨的冬天，他们每天最少也得干10个小时，才能满足奴隶主们剥削的欲望。每一天，他们都是拖着沉重的步伐忙碌着。

即便如此，他们的劳动强度仍然不能满足奴隶主的胃口，为了得到更多的"剩余价值"，代表奴隶主们行使权力的监工们可谓"尽职尽责"。

在黑奴和马匹之间站着手持长鞭的监工，不时地大声吆喝着什么。一旦哪个黑奴稍有松懈，就会立刻招致他们的毒打。

长长的皮鞭子在空中飞舞着，继而落在黑奴的身上，这个奴隶顿时就会大声地惨叫，痛苦地蜷缩起来。

黑奴们艰难地熬过白天的劳作时间，在日暮时分，他们会带着沉重的锁链，一个接一个地排着队伍，疲惫不堪地收工。

然而，奴隶主仍然不忘在此时巩固自己的权威。在回到住地前，黑奴们必须先跟着监工到一处空地，接受肉体的再次洗礼。

黑奴们站成一个半圆，冷酷的魔鬼监工便阴森森地喊出几个黑奴的名字，命令他到体罚场上来。被叫出来的黑奴一定是在白天劳作的时候触犯了奴隶主立下的诸多规矩。

鞭打违规黑奴的监工，使用鞭子的技术已经炉火纯青。监工的职责就是既要把奴隶打得皮开肉绽，疼痛难忍，又不会伤及他们的骨头，确保他们在明天早晨还可以照常劳作。

经过在黑奴身上长期的训练，这些监工能够很好地把握鞭打的"技巧"，他们就像保护艺术品那样躲避着奴隶们的脑袋，却用皮鞭疯狂地抽打着他们裸露的脊梁。

经过这场暴风骤雨之后，黑奴们才被允许回到各自的茅屋。他们个个神情沮丧、表情呆滞，如果说还有什么是他们生活中的期待，似乎也只有那盛在破锅中的十分有限的玉米糊糊了。

对于黑奴们来说，感情是个奢侈品。即便是彼此情投意合的青年男女黑奴偷偷见面，被奴隶主或他们的爪牙们发现了，也难逃残酷的惩罚。奴隶们的一切都由奴隶主支配，包括生与死，就更不必说感情了。倘若有不甘忍受折磨的奴隶想要逃离苦海，这会是一件非常冒险的事情。奴隶主们豢养着一批专门追捕奴隶的爪牙，他们会像围捕野兽那样把逃跑的黑奴围起来，把他逼到无路可退的地方，让他饱受痛苦之后再把他杀掉。

林肯在阅读过一本哲学论著后，就有关逻辑学写下了他那著名的推理，并将奴隶问题引入了这种思路：

既然甲确证他有权奴役乙，那么乙就不能抓住同一论据证明他也可以奴役甲吗？你说因为甲是白人而乙是黑人，那么也就是根据肤色了。

难道肤色浅的人就有权去奴役肤色深的人吗？那你可要当心。因为按照这个逻辑，你就要成为你所碰到的第一个肤色比你更白的人的奴隶了。

你说你的意思不完全是指肤色吗？那么你指的是白人在智力上比黑人优异，所以有权去奴役他们吗？这你可又要当心。因为按照这个逻辑，你就要成为你所碰到的第一个智力上比你更优异的人的奴隶。

你说这是个利益问题，只要你能谋取你的利益，你就有权去奴役他人。那么好吧，如果别人也能谋取他的利益，他也就有权奴役你了。

林肯对拍卖奴隶更是厉声诅咒。林肯曾在新奥尔良见到过奴隶主拍卖黑人的情景，以及奴隶主们怎样拍卖一户黑人之家的。

自从这次考察以后，只要有人提起黑人的事，林肯就变得表情十分严肃，随后便向人描述奴隶主们把黑人的丈夫卖给一个种植场主，把妻子卖给另一个种植场主，孩子们则分别被卖给出价最高的买主。每当此刻，他都觉得拍卖黑奴可恶至极，一个劲儿地厉声诅咒，他的脸色都变得苍白无血。

第四章 赢得竞选

我不一定会胜利，但定会真诚行事。我不一定成功，但会保持一贯的信念。我会与任何正直持平的人并肩而立。他对的时候，我会给予支持；他错的时候，我肯定会离他而去。

——亚伯拉罕·林肯

积极关注有关奴隶制的信息

1850年，林肯虽然身处斯普林菲尔德，却十分关注着首都一年来所出现的政治动乱和险恶局势。为此，他大量地阅读了《国会环球报》和其他报刊读物，感受着时代的弦音。

林肯知道这是一个英雄辈出的时代，每个人都将自己身上可当作武器的东西亮了出来。

1850年1月，亨利·克莱在提出了一项"综合法案"，又称"大妥协案"，稍经修改即于1850年9月由美国国会以一系列单个法案的形式通过。

亨利·克莱是美国辉格党创始人之一，曾任国会议员、国务卿，一贯倡导鼓吹南北调和妥协，被林肯誉为"我理想中最完美的政治家"。

"综合法案"规定：

准许加利福尼亚作为自由州加入联邦；让新墨西哥和犹他两地成为准州，即成为美国联邦政府统治下的具有有限自治权力、但尚未取得州一级资格的属地，有关奴隶制是否禁止由这两个准州自行决定；得克萨斯如放弃对新墨西哥边界领土的要求，并将它的其他边界也固定下来，新墨西哥则拨款予以补偿；哥伦比亚特区的奴隶买卖应予取缔，但是鉴于哥伦比亚特区的土地是由马里兰州划归联邦政府的，所以只要马里兰州坚持，特区的奴隶制就应继续保留。

此外，美国国会还通过了新的逃亡奴隶法，即奴隶主有权到北方的各州追捕逃亡奴隶，认领奴隶的所有权不是由陪审团裁定，而是由一名经过授权的联邦官员判决，如判决有利于黑人，该官员可得五美元报酬，如判决有利于奴隶主，则可收取十美元报酬。凡是协助黑人外逃的人都要处以罚款和监禁。

亨利·克莱认为，南北双方只有通过妥协，互相迁就让步，联邦才能得救。但是，后来的事实证明，1850年美国通过的"大妥协案"并没有消除两种不同制度的矛盾。

后来1854年南北斗争在堪萨斯准州发展成大规模的武装冲突，逐渐演变成"流血的堪萨斯"的内部冲突，成为美国内战的序幕。

3月，辉格党领袖之一，曾任国会众议员、参议员和国务卿的丹尼尔·韦伯斯特，是北方资产阶级妥协派的代表之一，他反对奴隶制扩展，但不主张废除奴隶制。他在这一天曾发表一篇长达三小时的演说，对"大妥协案"表示了全面支持，认为"大妥协案"是能保住联邦的唯一协定。

林肯当时虽然远在伊利诺伊州，但他对韦伯斯特先生的演讲是颇为赞许，心有灵犀一点通的。

"大妥协案"通过时，华盛顿的礼炮轰鸣，群众举行大游行，欢庆该案的通过。因为南方脱离联邦和随之可能发生的国内战争业已被制止，人们可以高枕无忧、安心睡觉了。

到1852年，林肯已就任辉格党的忠诚领袖整整20年了，他跟伊利诺伊州所有积极的辉格党地方头领几乎都握过手。一直关注着美国政治风云变幻的林肯在谈到这次新的和平时说过："国家安然度过了种种险境，它现在是自由、繁荣、强大的。"

1854年初，道路拉斯在国会提出了著名的《堪萨斯—内布拉斯加法案》，使之获得通过并成为法律。根据该法案，各州政府可决定在其辖区范围内允许或禁止蓄奴。

为什么道格拉斯要干出这样的事呢？道格拉斯希望在1856年能当选总统。他晓得这一番废除妥协的举动，在南方对他的帮助很大。

然而在北方，道格拉斯早就预言过它会引起一场急风暴雨般的大混乱。果然，在那边掀起了一阵大风暴，把两大政党吹打得粉碎，最后还将整个国家卷入了内战的旋涡里。

　　成千上万的乡村城镇掀起了浪潮，新英格兰和西北地区的牧师也愤怒地抗议，称道格拉斯为叛徒，因为他出卖了人民、出卖了国家、出卖了自由。一路上有人送他13块金币，以象征他是犹太人，还有人送他绳子希望他系上脖子。

　　林肯认为，由于《堪萨斯—内布拉斯加法案》在国会的通过，这必然会使奴隶制度蔓延到北方诸州。他指责道格拉斯提出这一法案是为了要笼络南方各州的选民来推举他为民主党的总统候选人。

▲林肯撰写《解放黑奴宣言》（漫画）

1854年10月3日，在斯普林菲尔德召开全州集会。成千上万的农夫源源而来。原来几周以来，有广告到处宣传道格拉斯要在集会开幕的当天演讲，而国内各地方的政治领袖们都要群集此地听讲。

在全州集会上，道格拉斯讲了三个多钟头，把自己的记录详加说明，用来为自己辩护、攻击别人。他矢口否认他立法制定某个地域可以蓄奴，或某个地域不可蓄奴等事，并强调应该由当地的人们按他们的意愿来决定有关蓄奴的任何问题。

林肯坐在前排附近，仔细地听着每一个字，并斟酌每一个议论。当道格拉斯演讲完毕时，林肯便宣布"我明天要剥下他的皮并挂在篱笆上面"。

就在当天下午，林肯在集会上作了一次有生以来最伟大的演说。演讲中的林肯对于罪恶的兴起而大生感触，为着受欺压的种族请命。他将蓄奴的历史检讨了一番，并举出五点理由来反对这种制度。

林肯慷慨激昂地说：

当南方的人民向我们声明，他们正如我们一样，对于奴隶制度的建立是不应负责的，我只能承认这个事实。

若说这一制度现今的存在，实在是不知道该如何圆满地废除它，我也能够明了并赞同这个说法。我绝不会因为他们做不了一件连我本身都不知如何去做的事来非难他们。

　　即使这世上所有的权力都属于我，我还是不知道该如何处理这种制度。

　　激烈而愤怒的社会舆论更加激发起群众的公愤，在芝加哥，甚至连民主党的报纸也对道格拉斯严加指责。傲慢的道格拉斯垮台了，他竟然在自己的州内把自己的党分裂了，又刚好在选举之前。

　　这正是林肯的大好机会。这不但是林肯在政治上可以复职的机会，也是他可以被选为美国联邦参议员的机会。沉寂一时之后，于是他又开始奋发向上了。

　　在接下来的选举中，因为道格拉斯的民主党正在不得人心之际，林肯的机会来了。

　　这是一个绝好的机会。如果能选入国会参议院，那就太好了。林肯已45岁了，年纪也不小了，每当想起这一点他常常会心驰神往。

　　但现在取胜的希望并不大。他不用着急，他也真的并不怎么在意，他甚至说他不想参与竞争，当然他也不反对提名。当他的名字一提出时，便立即通过了，他现在是参议员候选人了。

不久之后，林肯也开始活动了，他要争取广泛的支持，尤其是如果能够赢得那些对立面的支持，那他就稳操胜算了。他感到他的胜算可能性颇高，因而满怀信心。

1854年，林肯再次当选为州议员。但此后不久，他为了争当国会参议员的候选人，便辞去了州议员的公职。当时国会参议员不是直接由选民选出，而是由州议会选举产生。为了争取议会中废奴主义者的支持，林肯作出保证：要尽力使西部各州杜绝奴隶制度。但民主党人牢牢控制着国会，使辉格党和废奴主义者无法联合起来把林肯选进参议院。

林肯开始认真地准备演说词，在州立图书馆用功了好几个礼拜，参考历史，收集资料，并加以分类、研读。他还研读了当时在参议院为要通过该案而相互争论所发表的一切激烈的争辩内容。

1855年2月8日，伊利诺伊州议会在斯普林菲尔德召开了选举参议员会议。

第一轮投票结果表明，林肯是有希望的，他以44票对谢尔兹的52票和特伦布尔的5票，只差9票便可获胜。这个结果，表明了林肯的实力。然而在此之后，形势急转直下，林肯一轮不如一轮，到第十轮投票揭晓后，特伦布尔当选了。

为苦难的黑奴请命

1855年2月15日，林肯又驾起"老白"，再一次走过一望无垠的草原后，从一个乡间法庭赶向另一个法庭。他要继续尽自己的可能，为苦难的黑奴做些力所能及的事情。

林肯的心再也不注重在法律上了。如今除了政治和奴隶制度外，他不再谈别的事了。每逢想起有几百万人沦为奴隶，他就一直心痛。于是他的忧郁症比以前更加频繁地复发，而且总是时间那么长，而又那么厉害。

落选的林肯再次沉浸到忧郁之中，甚至是一种前所未有的忧郁。他常常在律师事务所坐于黄昏的阴暗中，低着头，沉思默想，直到黑暗将他重重包围。

然而，当林肯从那破旧的屋子走出来的时候，人们发现他并没有消沉。他只是时而会显得满腹心事，而越是这种时候，他就越是讲一些笑话，直到他和周围的人一道哈哈大笑，真是一笑解千愁。

事实上，当林肯在他破旧的律师事务所陷入无可言喻的忧郁中的时候，他已不再仅仅是为了他自己，而是出于对他国家现状的思考使然。他的国家动荡不安，奴隶制问题造成了严重的混乱，他在思考着寻求一种解决的办法。但当他不知该如何办的时候，他就会陷入痛苦之中。

林肯现在是伊利诺伊中心铁路公司的代理人，有许多案例得去处理，他很忙，但当他静下来的时候，奴隶制这个问题就悄悄走来，在他紧锁的眉头刻下印记。

▲林肯在思考黑奴问题

这年3月的准州议会选举，有的人采取越界投非法票的方式，导致双方杀气腾腾，暴力逐渐升级，以至于在瓦卡鲁萨河岸双方对峙着。

而在国会，双方同样吵得不可开交。蓄奴派700名武装人员冲入劳伦斯，捣毁了自由州派的两家报馆，焚毁一家旅馆，并恐吓市民，甚至抢劫商店，支持废奴的参议员被打得不省人事。紧接着，废奴主义者在夜间沿着波特瓦托米河杀死了五个蓄奴派移民。整个夏天，堪萨斯就在血泊中呻吟。

各种各样的消息不断传入林肯的耳朵，甚至令他有些来不及反应。美国似乎从来没有什么时候像现在这般令人目不暇给，耳不暇听，口不暇言。

有一天，他和另外一个律师在一家乡间旅馆共榻。他的同伴黎明醒来，便看到林肯穿着睡衣坐在床边沉思着，他闷闷不乐的，不是自言自语，就是心不在焉地发呆。

林肯沉默了吗？不，尽管他低着头，在这个多事之秋似乎连舞台边也没有靠上，他说的话也绝不可能在舞台上大声传送，甚至即使作为拉拉队，也嫌他的嗓门太小，然而他思考着，并且偶尔做出点事也相当令人侧目。

林肯终于开口了，他的第一句话便是："我告诉你，这个国家不能长久地容忍一半自由、一半奴隶的状态。"

不久，斯普林菲尔德有一位黑人妇女前来请求林肯帮助。她说她的儿子在圣路易斯密西西比河上的一条船上做工。因为随船去了新奥尔良，在那里他被抓起来并关进了监狱，因为他没有证明文件证明他的自由之身。被囚禁了一段时间之后，他被登广告出售，以偿付他坐监的费用。

林肯听后，立刻义不容辞地去拜访伊利诺伊州长，请求帮助。但州长说他爱莫能助。林肯又给路易斯安那州长写信，州长回信说他无能为力。林肯为此再入州长府，希望州长能采取积极行动，州长摇头拒绝了。

这时林肯愤怒了，他与赫恩登后来募捐了一笔钱解救了那个孩子，使其母子团聚。

但林肯离开州长之时却是义愤填膺，他对州长马特森说："上帝作证，州长，您或许没有合法的权力释放这个可怜的黑人，但是我却决意让这个国家的土地燃烧，让那些蓄奴的人无立足之地！"

当堪萨斯自由州运动中心劳伦斯镇遭袭击的时候，伊利诺伊州共和党第一次州代会在布卢明顿召开。

林肯感到"我们正处在一个困难重重的时刻"，特别是他感到了一种危机，一种似乎很快就会血与火遍布的危机。他觉得民众当尽力表白他们的意见，而共和党人呢？也要随之改变方针，否则"鲜血将因内布拉斯加法案而流淌，同胞之间将要互相残杀"。

林肯不再沉默了，他将把这么多日子里的沉思默想和愤怒倾泻而出。整个会场将响彻着他的声音，而全国也震荡着其回声。他从此一发而不可收。

发表激动人心的演讲

早在1848年以前，民主党在南方奴隶主的控制下坚定地捍卫奴隶制度，只有少数北方民主党持相反的立场。这时的辉格党彻底分裂，南方辉格党站到了南方民主党一边，北方辉格党孤军奋战，此时又成立了自由土地党，公开反对奴隶制，但力量太小。

在这种情况下，反奴隶制的政治力量酝酿成立一个新党。1854年7月6日，北部辉格党、自由土地党、北部民主党人集合，成立一个新政党，这样以反对奴隶制为宗旨的新的共和党就应运而生了。

1856年6月，第一届共和党全国代表大会在费城召开，大会推举加利福尼亚自由州的国会参议员约翰·查尔斯·弗里蒙特为共和党总统候选人。伊利诺伊州代表团曾提出林肯为副总统候选人。但是，在副总统提名的第一轮投票中，林肯并没有参加这次代表大会。

当林肯得知自己的名字列入国家最高副职的候选人名单时，他不胜惊讶。他大声说道："不，这不可能是我。这一定是马萨诸塞州的那位大名鼎鼎的老林肯！"

林肯积极为共和党总统和副总统候选人争取选票。在演讲中，他越来越突出奴隶制的争议，但没有涉及将来可能出现的暴力问题。

各个党派之间吵闹纷扰，他们到底争论什么呢？林肯总是提出这样的问题让民众注意，然后他就回答：那实质上的分歧是在奴隶制扩展问题上。也就是奴隶制能不能在法律上是自由州或自由准州的土地上生存。他明确表白，共和党不允许奴隶制扩张，而布坎南的民主党则允许。

民主党人则充分利用选民的害怕分裂的心理，而大造如共和党当选则会造成一些州脱离联邦的结果等这样一些舆论。这使他们捞到了不少好处，而林肯则针锋相对花了不少心血来予以痛斥。

7月23日，林肯在加纳利演讲。面对民主党指责的分裂，林肯说："如果你们是说我们的目的是要解散联邦，这是不真实的。"然后林肯略一转折，更进一层，"不过你们也许会说，尽管这不是我们的目的，但如果我们成功了，结果就会如此，所以我们实际上就是分裂主义者"。

林肯强调，"这是你们对我们的一种严重指责"，他反问道，"我们将如何做到这一点？"也就是，"我们究竟要用什么方法来解散联邦呢？"他请民主党具体说明。

林肯并没有就此止步，他说，"唯一的具体说明，是菲尔莫尔先生在他的奥尔巴尼演说中自愿提出的。他指责说，如果总统和副总统都是从自由州选举出来的，就会使联邦解体。"

▲林肯在共和党会议上

林肯认为"这是胡说八道"，他从历史上找出了许多具体例证，有同时来自蓄奴州的总统副总统，也有同时来自自由州的总统副总统。而在位总统和副总统便都来自自由州，"而联邦依然存在，而且还会存在下去。"

联邦在林肯心目中具有至高无上的地位，他不能忍见其分裂。现在他的反驳如海潮怒涌，层层推进。"此外没有任何具体说明了，最多只有这样一个：恢复1820年关于使合众国领地成为自由领地的规定会使联邦解体。先生们，这样一个法案是需要大多数票通过的。"

林肯说到这里突然心潮澎湃，他大声道：

我们是多数，能够在宪法规定下做我们要做的一切，我们决不想使联邦解体。那么，谁是分裂主义者？是你们还是我们？我们是多数，决不会千方百计去解散联邦，如果有人想这样做的话，那一定是你们这些大叫大嚷地污蔑我们是分裂主义者的人。但联邦是无论如何不会解散的。

我们不愿它解散；如果你们企图解散它，我们也不答应。我们有财力和武力，陆海军和国库也在我们手里，听我们指挥，你们是达不到目的的。

如果一个拥有纪律严明的陆海军和充足的国库的多数派政府，受到没有武装、没有纪律、没有组织的少数派攻击居然不能自保，这个政府未免太软弱了。我们不愿解散联邦，你们也休想！

林肯心中的多数却没有获得竞选，民主党的布坎南当选了，他赢得了关键的伊利诺伊等四个北部州和加利福尼亚，从而当选。

林肯念念不忘他的多数，他感到了团结的重要。12月10日共和党在芝加哥举行宴会，林肯即席演说：

在这次竞选中，我们分裂成弗里芒特派和菲尔莫尔派。为了将来，难道我们不应该团结起来吗？过去的事就让它过去吧！让过去的分歧化为乌有吧！人心向着我们，上帝向着我们。我们将能够不再说什么"一切州作为州是平等的"，也不再说什么"一切公民作为公民是平等的"，而是要恢复那更广泛、更美好、内容比这两者更为丰富的说法："一切人生来平等"。

"一切人生来平等"，这个独立宣言所宣布的主题，林肯心目中的一个崇高目标，他激动地说着它。他的听众也都如醉如痴，恭听他的"输掉的演说"，他们后来是那么感动，纷纷从座位上站起来，脸色苍白，嘴唇发抖，情不自禁地向他拥过去，林肯听到了掌声像暴风雨般的响起来。

捍卫心中的崇高目标

1857年3月，布坎南总统宣誓就职。布坎南的就职演说提到惨痛的堪萨斯争端，他要求全国人民把这个问题看成是司法问题而交由最高法院去裁决。他说："凡是最高法院的决定，无论是什么样的决定，我和所有善良的公民们一样都愿意愉快地遵从。"

3月6日，在联邦最高法院审判室里，全场鸦雀无声，人们正全神贯注地倾听联邦最高法院首席法官罗杰·布鲁克·坦尼代表该院宣布对德雷特·司各脱案件的一次判决。

坦尼在宣读判决书时，引用了《独立宣言》中"一切人生来平等"的话，但他却说什么："上述笼统的字句似乎概括了整个人类。但显然不容置疑的是，这句话的原意不包括被当作奴隶役使的非洲人种在内。"

这个判决书实际上就是使奴隶制在全国合法化，从而遭到美国广大人民的强烈反对。

在此后若干年里，林肯针对坦尼对《独立宣言》所做的歪曲，反复阐述该宣言的真实含义。他说道："如果那些起草并通过宪法的先辈们相信奴隶制是件好事的话，那他们为什么在《宪法》中还要写上'在1807年禁止奴隶交易'这一条款呢？"

按照1787年的美国宪法规定：在1808年以前，即宪

▲林肯雕像

法通过时起的20年内，国会不得禁止奴隶入境。1807年3月2日国会通过法律禁止从非洲或其他国家向美国输入奴隶，并规定该项法律从1808年1月1日起生效。

林肯在这里也仅仅是据理驳斥坦尼罢了，因为实际上这一法律常常遭到破坏，私贩奴隶的事件层出不穷。

6月，道格拉斯也为最高法院的判决书进行了辩护。他煞有介事地断言，《独立宣言》的签署者"在宣称一切人生来平等时，指的只是白种人，没有指非洲人。

他们说的是美国大陆上的英国移民，同生在英国并住在英国本土的英国居民是平等的"。

针对道格拉斯的谬论，林肯也予以严厉驳斥，他指出当初组成联邦的13个州中有五个州的自由黑人曾经是选民。

林肯还就道格拉斯津津乐道的什么"一切人生来平等"是仅指"美洲大陆上的英国移民"尖锐地嘲笑说，要是这样，那就不仅黑人，而且还有"法国人、德国人和世界上其他白种人都将被划归所谓的劣等人之列了"。

林肯并对道格拉斯所说的"一想到白种人和黑种人的血液搅在一起，我就会不寒而栗"的话，用详尽的数字进行抨击。

他说："1850年美国有405523个混血儿，几乎全都是黑人奴隶和白人主子生的孩子，只有极少数是白人和自由黑人的后代。1850年自由州有56649个混血儿，但他们大都不是出生在那里，而是来自蓄奴州，生在蓄奴州。同一年，蓄奴州有348874个混血儿，都是当地土生土长的。"

早在1855年11月5日至1856年12月1日，堪萨斯准州发生了暴力流血事件，大约有200人惨遭杀害，受枪伤和刀伤的人就更多了。惨案发生的经过是这样的：

从1854年至1855年，北方的许多自由州先后成立了支援堪萨斯移民协会。这个协会于1856年7月召开代表大会正式成立支援堪萨斯全国委员会。协会创建的宗旨是协助自由农民移居堪萨斯，同时为他们提供粮食和武器，以抵抗南方种植场主用武力向堪萨斯扩展奴隶制。

当华盛顿国会讨论利康普顿宪法时，吵吵嚷嚷、拖拖拉拉地进行了好几个月。这时，布坎南总统派了好几个州长去该地维持秩序，结果都是徒劳无功。到1857年12月，骚乱和暴行总算平息了下去，但利康普顿宪法却导致了华盛顿民主党内的大分裂。原因是当时交付表决的不是整个宪法，而是要求该州公众对采取"有奴隶制"的宪法或"无奴隶制"的宪法表态。

自由土地派拒绝参加投票，布坎南总统却仍然支持这样的公决，认为《堪萨斯—内布拉斯加法案》只负有处理奴隶制问题的任务，而没有处理整个宪法问题的任务。

布坎南总统的态度激起道格拉斯的反对。道格拉斯既不同意总统的武断说法，又反对在1857年12月在堪萨斯通过的保存奴隶制度的宪法。意见分歧终于演变成为实际上的决裂。三个月之后，布坎南总统把道格拉斯安插进来的官员都一一撵走。

道格拉斯毫不屈服，他联合国会中拥护他的民主党人和一些共和党人进行掣肘，使布坎南在堪萨斯推行奴隶制的一些努力最终归于失败。由于美国人民坚持反奴隶制的活动日益高涨，以及民主党内部的分裂，终于导致了1861年堪萨斯作为自由州加入联邦。道格拉斯也从主张向奴隶主妥协，最终发展到后来在1861年6月去世前支持林肯政府，主张镇压南方奴隶主叛乱。

为坚持真理进行大辩论

1858年，道格拉斯与林肯进行了七次大辩论。辩论结果促使林肯的阵营越来越大，特伦布尔也站出来替林肯讲话。

1858年6月16日，伊利诺伊州共和党代表大会在斯普林菲尔德举行。许多共和党人都说："我们了解道格拉斯，我们同他斗了好多年。现在我们打算在这次竞选中打败他。"

大会一致通过一项决议："亚伯拉罕·林肯是伊利诺伊州共和党人为国会参议院选出的第一位也是唯一的一位参议员竞选人，他将接替斯蒂文·阿·道格拉斯的参议员席位。"

当天晚上，林肯来到州众议院大厅，发表了他一生中最为出色的演讲之一。他说道："假如我们能首先了解我们的处境和趋势，那么我们就能更好地判断我们该做什么，以及应该怎样去做。自从开始执行一项目标明确和诺言具体的政策以来，迄今已是第五个年头了。"

"这项政策旨在结束因奴隶制问题而引起的动荡不安，但在贯彻这项政策的过程中，动荡不仅没有停止，反而愈演愈烈。在我看来，不到危机迫近和过去之后，动荡是不会终止的。一个分崩离析的家庭维系不了多久。我相信这个政府不会永远保持这种半奴隶、半自由的状态。"

"我不希望联邦解体，我也不希望这个家庭崩溃。我只希望这种分崩离析的局面不再延续下去。要么全面实施奴隶制，要么全面自由化，非此即彼。或者让那些反对奴隶制的人制止这种制度继续蔓延下去，并使广大民众坚信奴隶制终将消亡下去；或者让那些鼓吹奴隶制的人全面得势，使奴隶制在全联邦确立合法地位，不管新州旧州，也不分地域南北。"

以这篇演说为契机，林肯与道格拉斯著名的大辩论拉开了帷幕。尽管道格拉斯明知不可小觑这位深孚众望的政治新秀，但为了竞选国会参议员的需要，也只好硬着头皮，接受挑战了。

道格拉斯对国会秘书、《费城报》编辑约翰·福尼说道："林肯是他那个党内的强硬人士，也是西部最佳的政治演说家，这次竞选将会够我忙的了。"此后，林肯即向道格拉斯提出挑战，要求双方开展辩论。道格拉斯只得接受这一公开的挑战，同意展开论战。于是，他们便在全州七个不同地区的城市讲台上对垒，就各种各样的问题进行较量。全州民众都密切注视着这几场政治大辩论，全国人民也都竖起双耳耐心地倾听着。

　　首先在8月21日，奥塔瓦揭开了林肯与道格拉斯大辩论的序幕。那天艳阳高照，四方农民闻讯赶来洗耳恭听他们极欲知道的辩论者对司各脱判决、堪萨斯问题、奴隶制等的看法。道路上车马喧腾，尘土飞扬。一辆专车来了，林肯从家中走出来，在热情的欢呼声中，他被人们送进这辆豪华的马车内，马车前面乐队高奏乐曲，马车后面拥簇着高喊着的人群，他被送进市长的官邸。

　　道格拉斯的信徒几百人骑马到奥塔瓦城六公里外，在那里迎接他们的明星，他正坐着一辆用六匹马拉的车子，不慌不忙地前来。拥护者聚拢在他周围，他们高举着标语，挥舞着旗帜，驰向奥塔瓦，他们一行人进城时，枪炮齐鸣，场面热烈。

▲林肯发表就职演说

　　林肯的支持者，为表示他们对这种铺张和夸饰的轻视，就用一个老旧的饲草架子让一对白骡拖着，请他们的候选人坐上去驶过街道。并在他后面摆上另一个饲草架子，上面坐满了32个女孩，她们每人手里捧着一块牌子，牌子上写着州名，而32块牌子代表着合众国目前的32个州。

　　道格拉斯的穿着恰似一个富有的南方地主，穿的是带褶边的衬衫、深蓝色的上衣和白裤子，又戴着白色的宽边帽；而林肯的仪表则是丑陋怪异的，他那粗陋的黑上衣的袖子太短，且他那不成形的裤子也太短，他那高帽子也是很破旧的。

　　道格拉斯丝毫没有幽默感，但林肯却是个擅长讲故事的人。道格拉斯总是在重复背诵，而林肯却能不断地仔细思考他的题材，他每天讲说一篇新讲词，比背一篇旧讲词来得容易。

　　道格拉斯爱好虚荣，喜欢夸耀并虚张声势，坐着一部装满旗帜的专车周游四方。当他走近市镇时，他事先安排欢迎的炮声不时鸣响，仿佛是向当地人宣称有一位名人要来似的。

　　在这些辩论会中，道格拉斯主张，任何一州，不论在何处、在何时，只要大多数的公民投票赞成，就有权力蓄奴。

　　他根本不管到底他们是投同意票或反对票。他著名的口号就是："让每一个州各管各的事而不要干涉它的邻居。"

　　林肯则完全站在相反的立场，他说："道格拉斯法官认为蓄奴是合理的，而我认为是错误的。这是一个很明确的事实，整个争辩都基于这一点上。"

林肯解释说，"道格拉斯主张任何人或任何团体只要需要奴隶就有权力占有奴隶。如果奴隶制度没有错，那他这样说是完全合乎逻辑的。但是，如果承认奴隶制度是错的，然后再说任何人都有权做错误的事，那就不合逻辑了。"

"他根本毫不关心一个州究竟要蓄奴或自由，正如他毫不介意他的邻居究竟应该在他的农庄上种植烟草或饲养有角的牲口一样。但是大多数的人和道格拉斯并不相同：他们认为蓄奴制度是道德上的一个大错误。"

道格拉斯周游全州，频频叫喊着说，林肯赞成给予黑奴以社会平等。"不，"林肯反驳道，"我认为我没有合法权利去这样做，而且我也不想这样做。"他说他并不主张黑人在政治上和社会上与白人完全平等，"我和道格拉斯法官一样赞成我所隶属的人种占有优等地位"。

林肯然后强调，"尽管这样，也绝对没有理由去说黑人没有资格享有《独立宣言》中列举的各种天赋权利。"

林肯再次瞄准道格拉斯的鼻子，认为黑人和白人一样有资格享受生命、自由和追求幸福的权利。"我同意道格拉斯法官的话，黑人在许多方面和我不一样，"林肯说，"但在吃用自己双手挣来的面包而不用任何人批准的权利方面，他和我，和道格拉斯，以及每一个活着的人都是一样的。"

朴实高大的平民政治家

　　1858年11月2日是选举日，虽然林肯曾经说过，到底是道格拉斯还是他自己当选为参议员，这件事已无关紧要了，只要《密苏里妥协案》不被废除，只要奴隶制在美国只处于实际需要的限制内，人们对其"容忍"的态度依旧且不致蔓延，那么，林肯甚至希望道格拉斯常胜不败，自己则常败不胜。但是，这种可能性几乎没有，只能说是表达一种希望。

　　在选举的日子里，林肯还是有所盼望，但他还是没有如愿以偿。林肯虽是失望地走出电报局，但现在他却并不为这次失败而沮丧，因为他已一贫如洗，必须借点钱解决全家人的肚子问题。长时间以来，他一直在开销却没有进账，现在他已不能维持家用，不得不举债度日了。

　　于是，林肯再次回到他的律师事务所。律师事务所的墙上依然留着墨渍，书架顶上仍有发了芽的种子。于是，他又重新套上

"老白"，拖起破旧的马车，在草原开始巡回旅行。

林肯是冷静的，无论是在公开的论辩场合，还是在私人场合，抑或只是与人通信，他都显得极为慎重，他谨慎地避免失去太多的民众，同时又坚决不能失去原则。

1859年，非洲奴隶买卖活动死灰复燃，并颇具规模。林肯要对此作出反应。

林肯以前一直在中西部活动，除了在国会的短短两年外，基本上没有在东部作过演说，而当时纽约有那么多的饱学之士以及富豪。因此，林肯在州图书馆待了一段时间搜集资料，为到东部讲演作准备。

不久，俄亥俄州共和党准备出版林肯与道格拉斯辩论集，并以之为林肯竞选鼓吹。林肯获提名的呼声越来越高，他自己也有些动心。12月20日，他给了俄亥俄州共和党一份索要的传记，简要介绍了自己自学奋斗的经历。共和党伊利诺伊州委会打算提名林肯竞选，他们征求林肯的意见，林肯犹豫再三后答应了。然后，林肯继续为他的"东部计划"做准备。

1860年2月27日，著名律师戴维·达德利·菲尔德陪同林肯走上纽约市库珀学会的讲台。

林肯身穿一件过长的满是褶子的黑呢子服，迈着从容的步子，走到一大片观众面前。这时整个会场响起了一阵热烈的掌声。全场听众1500人，大都花了25美分买的门票。

　　林肯站在讲台上开始讲演，说得缓慢，毫不吸引人，有些共和党人甚至都捏着一把汗。但随着讲演人逐渐深入主题，情况发生了变化。

　　听众觉得林肯对当前奴隶制的争端有独到的见解，对激起公愤的原因也剖析得细致入微，深入浅出，娓娓道来，引人入胜。

　　林肯驳斥了把共和党说成是"地方性"小政党的污蔑不实之词，他说那只是南方竭力要使奴隶制不断扩展的产物。他明确宣布，共和党人既不是激进的，也不是革命的，而是继承了那些制定宪法的"先辈们"优秀传统的人。

▲林肯纪念堂

　　同时林肯强调，这不是说共和党人非得盲目遵照先辈的所作所为，不敢越雷池一步。那样就会排斥现代经验的成果，就会故步自封，拒绝一切进步和改良了。

　　有些人扬言说他们不能容忍选举一名共和党人做总统，好像共和党人当了总统，就会毁灭联邦似的。对此，林肯义正词严地指出：

　　　　到那时你们会把毁灭联邦的弥天罪行硬栽到我们的头上！这实在是无耻至极。好比拦路打劫的强盗用手枪对准我的脑门，恶狠狠地说道："站住，留下买路钱！不然我就宰了你，你还逃不脱杀人的罪名！"

　　这时，听众屏住呼吸，全场鸦雀无声，人们被林肯的高超讲演技巧深深吸引住了，一时之间场内极其安静，没有人愿意交头接耳，生怕会漏听林肯的讲话。大家在他面前围成一堵密实的厚墙，黑压压的一大片。

　　接着，演讲人继续阐述那造成南北隔阂分裂的症结所在，分析它的历史渊源。他说道：

　　　　他们认为奴隶制是正确的，我们却认为它是错误的。这就是一切争论的根本症结。既然他们认为奴隶

制正确无误，也就不能责怪他们提出承认奴隶制的要
求了。

而既然我们认为它完全错误，我们就不能对他们让
步，我们就不能放弃自己的观点去投票赞成他们。

林肯进一步指出，要想在正确与错误之间寻求折中，无异于
找个不死不活的人那样徒劳无益。林肯最后号召：

让我们坚信正义就是力量，让我们怀着这个信念勇
挑重担，坚持正义，百折不挠。

会场顿时一片沸腾，人们尽情欢呼，手舞足蹈，手帕和帽子
在空中飞舞，叫声和掌声震撼如雷。听众纷纷拥上前去，争相与
林肯握手，祝贺。

有的记者立即写出报道，惊呼"林肯在纽约的首次公开演说
就造成了如此的轰动效应，这在过去是从来没有过的"。

此时林肯已经名声大噪了，要求林肯出任总统的呼声，在美
国舆论界、企业界和知识界中也此起彼伏，不绝于耳。有的报刊
问道："为什么不选亚伯拉罕·林肯做美国总统？"有的地方干
脆要求"作为共和党在西部的头号人物的林肯站出来讲话"。

林肯对于这些热情呼吁都喜在心头，笑在脸上答道："时势

造总统啊！"常常表现为少说多听的林肯，在风暴的中心依稀看到，美国的历史正在形成之中。

挂在林肯嘴上的政治语言是"民主"二字，他对民主有独到的见解。他说道："因为我不愿当奴隶，所以我也不愿做奴隶主。这表达了我的民主思想，而与此不同的想法都是非民主的。"

林肯有一句名言，那就是：

　　你能蒙蔽某些人于整个时期，也能蒙蔽一切人于某一个时期，但你却不能蒙蔽一切人于整个时期。

随着渐渐成为共和党举足轻重的要人，随着作为一名演说家和思想家的林肯声名远播，他为人处世的原则已变得稳中求妥，思想先进但不激进。

在1859年去伊利诺伊、印第安纳、俄亥俄、威斯康星、衣阿华、堪萨斯等地旅行演说途中，林肯广泛了解了各种政治潜流和公众情绪，会晤了一些将参加次年共和党全国代表大会的代表。这一切都绝非偶然的一时兴致所在，而是有其蓄势待发的长远政治追求的。

在1859年的全年演说中，林肯绝口不提他第二年可能当总统候选人的事。每当一些好心的朋友谈起要推荐他当总统这一话题时，他总是力图回避，说他不合适。但在紧要关头，林肯却又当仁不让，肩负起道义的重任。

1859年9月，林肯在俄亥俄州哥伦布市发表讲话，指出威胁联邦的唯一因素是奴隶制的不断扩展。在哥伦布市讲话的第二天，林肯又在辛辛那提宣称：

> 我们必须防止奴隶制的扩展，我们必须防止非洲奴隶贸易的死灰复燃，同时阻止国会颁布准许州奴隶法。

美国第八次人口普查表明，1860年全美奴隶人数剧增。奴隶人数的不断增加和贫困白人的每况愈下，是造成1859年10月17日约翰·布朗起义的直接原因。

对约翰·布朗的武装起义和被判绞刑，各方反应不一。菲利普斯沉痛地说道："这一时刻给我们的教训就是要造反。"其他废奴主义者也纷纷赞扬这个"为穷人战斗"的义士。

就连共和党国会参议员威廉·亨利·西华德这时也宣称，他反对布朗式的阴谋和暴力，他赞成理智、选举和基督精神。

但是，尽管西华德有这种表态，他却不能在人们的印象中抹去激进的痕迹。政治观察评论说，西华德作为总统候选人的威信受到了致命的打击。

在堪萨斯州的埃尔伍德也谈到了约翰·布朗被处以绞刑的问

题，埃尔伍德的《自由新闻》作了这方面的报道。

林肯说道："他相信布朗的袭击是错误的，理由有二：首先，它是违法的；其次，和这类的一切袭击一样，它必然无助于消灭任何重大罪恶，甚至怀斯州长也指出约翰·布朗表现出了莫大的勇气和罕见的无私。但无论南北双方都没有人会赞许暴力或犯罪行为。"

美国人民逐渐熟悉了林肯这位朴实、高大的平民政治家，对他的印象是：在简陋的小木屋中出生的乡巴佬，当过平底船的船工，劈过栅栏木条，做过商店伙计，最后才当上农村的邮递员和不知名的律师助手。

林肯经历了艰辛的童年和漂泊动荡的青年，经过不懈地努力和顽强地拼搏后已经崭露头角，他的言语和思想在全美几乎家喻户晓，甚至一鸣惊人，成为19世纪中叶美国的传奇式人物。人们似乎恍然明白："啊，真是的，想想看，为什么不选林肯呀？这个人越看越中意！"

在这种形势下，杰西·费尔和大卫·戴维斯法官按照既定计划，为即将到来的共和党全国代表大会提出林肯作为1860年总统候选人而积极工作着。

民主党全国代表大会的结果是党内分裂，南北两方各选出了自己的总统与副总统候选人。

在年轻强大的共和党内，觊觎总统宝座的佼佼者当推威廉·亨利·西华德。西华德在就任纽约州州长期间，曾制定了一项法律：审判逃奴采用陪审团制，并由州政府支付奴隶被告辩护人的一切费用。

除竞选劲敌西华德外，共和党内的总统候选人中还有俄亥俄州的萨蒙·波特兰·蔡斯和密苏里州的爱德华·贝茨法官。

蔡斯是一位反奴隶制的激进派，曾两次担任州长，又当过一届国会参议员。

贝茨则属于温和派的老牌辉格党人，有利于缓和南北分歧，防止南北分离。

蔡斯是在共和党内争夺总统候选人的潜在对手。他一方面没有提名竞选总统的表示，一方面又在各地演讲，演说使其声誉鹊起，当选总统的呼声竟远远超过西华德。

作为一个出身于底层的政治家，林肯最反对"靠金钱进入竞选场"。一次，堪萨斯的林肯竞选事务负责人马克·德拉海向林肯索要竞选经费，遭到了林肯的拒绝。他说："请听我说一句，我不能靠金钱进入竞选场，因为这从根本上来说是错误的，这是第一；第二，我没有钱，也弄不到钱。我认为，靠金钱办事总是不带劲的，当然了，在政治竞选中为某些目的花一点钱本属正当，也是在所难免的。"

当选第十六任总统

1860年是美国四年一度的总统大选年。在南北分裂在即、国事纷争不已中，各政党又在紧锣密鼓地进行着竞选活动。他们首先推出各自党内的总统与副总统候选人，然后党际之间进行角逐，争夺入主白宫的权位。在某种程度上，这种竞选角逐乃是一场殊死的搏斗，并夹带有浓烈的戏剧性。

5月9日至10日两天，共和党伊利诺伊州代表大会在该州的迪凯特召开。林肯的舅舅约翰·汉克斯扛着两根扎有旗子和飘带的栅栏木条走进会场。旗子上写道：

亚伯拉罕·林肯，劈栅栏木条的1860年总统候选人：这是1830年汉克斯和亚伯拉罕·林肯合劈的3000根栅栏木条中的两根。林肯的父亲是梅肯县的第一位拓荒者。

大家先是轻声读着，随后激动起来，他们发疯一般为林肯高呼。人们叫喊着："林肯，林肯，说话呀！"林肯从容起立，向大家表示感谢。

这时，欢呼声四起："为诚实的亚伯拉罕，为我们的下届总统欢呼！"

"看看你干的活吧！"

林肯走上前细细观察，然后说道："这可能是我劈的木栅栏条。可是朋友们，我要说的是，我还劈过许多更好看的木条呢！"

从此，林肯就有了两个外号："劈栅栏木条者"和"劈栅栏木条的候选人"。

5月16日这一天，火车载着4万名乘客和500多名代表，来到这座千里草原的货物集散地和交通枢纽站迪凯特参加预定的大会。

为营造竞选气氛，林肯的朋友们确实费了不少力气。林肯竞选总部就设在特雷芒特大厦的三楼。

这家芝加哥最高级旅馆的整个三层楼，是由林肯的好友大卫·戴维斯包下的，包金300美元。林肯总部设有竞选班子办公室。这个班子里有宣传鼓动员、游说人、辩护人、谋士和拉拉队等。

在林肯总部的接待室里，还为每个代表和重要来宾准备好了雪茄烟、葡萄酒、白兰地和威士忌等。这笔钱是由林肯的另外两位好友哈奇和拉蒙自掏腰包的。

这两人还把代表们请来总部进行私下密谈，有时则对大批代表讲话，敦促他们投林肯一票。

▲林肯总统

从外地涌向芝加哥的四万名客人中，有一大半人在一刻不停地为亚伯拉罕·林肯高声喊叫，"拥护亚伯拉罕，拥护劈栅栏木条的候选人"的呐喊声此起彼伏，终日不停。

5月17日下午，在一片欢呼声中，大会通过了共和党的政治纲领。紧接着，支持西华德的代表就想一鼓作气，要求就候选人立即进行投票，因为他们坚信自己的候选人能在当天下午得到提名。

但由于当时的票数记录纸还没有准备好，大会主席乔治·阿什蒙提出休会的建议，并得到大多数代表的口头表决赞成。于是，大会得以暂时休会。

幕后交易是免不了的，林肯的支持者抓紧这一决战时机，进行了通宵达旦的紧张活动，最后达成了一些重要的意见。

其中之一是林肯的朋友曾给宾夕法尼亚州、印第安纳州和俄亥俄州的代表团领袖们承诺：如果林肯当选，他们将可以进入内阁。

事实上，当时林肯已回到斯普林菲尔德，行前他曾对他的竞选经理人交代过："我没有授权你去搞政治交易，我将来也不承认这种交易。"但是，封官许愿的事还是出台了。

后来，从当选到就职这段期间，林肯不得不兑现朋友的承诺，在任命的内阁成员中，就有宾夕法尼亚州、印第安纳州和俄亥俄州的领导人，实现了他的竞选经理人当初所许下的政治诺言。

尽管许多人提醒林肯，说这些人作为政治家还不够格，还不足以辅佐他去解决政府所面临的问题，但守信的林肯还是那样做了。

在大会的最后一天，西华德和林肯双方助选人的斗争达到了白热化的程度。

原来，早在代表大会处理例行公事的头两天里，西华德的支持者们因得到芝加哥竞选经理人的许可而得以自由出入会场。

林肯的支持者们看在眼里，记在心上，便出现了伪造入场券的事，招募了1000名大嗓门的男女，让他们全都挤进了会场，把所有的座位和能立足的地方全都占满为止。

这样，从纽约州来的几百名为西华德助威的人都无法挤进去，只能被迫在会场外徘徊，急得直跺脚。

第一轮投票开始了。结果西华德获票占多数，林肯与之相差40多票，处于劣势。

第二轮投票重心逐渐转向林肯，他与西华德的票数接近，这是杰西·费尔和大卫·戴维斯等人活动的结果。

第三轮结果显示，林肯以高出西华德150多票的数量获得决胜。

三轮投票结束了，这时，会场突然沉寂下来。在这沉寂中，俄亥俄州代表团的主席卡特站了出来，美国未来的历史一瞬间在这里决定了，他们的4票改投林肯。

林肯成为总统候选人。他的竞选伙伴是缅因州的国会参议员，前民主党人汉尼巴尔·哈姆林，他与林肯同龄。

大会主席阿什曼作告别词，面对兴奋的人们，他说，"你们有了一个和事业相称的候选人。你们非保证他获得成功不可，人类非保证他获得成功不可，自由事业非保证他获得成功不可，天意注定他非成功不可。"

亚伯拉罕·林肯终于当选为美国的第十六任总统。

结果刚一公布，大厅内就有一万多人因兴奋而呈半疯狂状态，有的跳上座位狂喊大叫，有的还互相将帽子乱打在别人的头上。

屋顶上鸣起大炮来，街上的3万多人一齐欢呼。《芝加哥论坛报》宣称：

> 自从耶利哥城墙倒塌以来，这世上还不曾听到过这样的喧嚣。

1861年3月4日，在美国国会大厦林肯就职大典上，他发表了就职演说。他说：

合众国的公民们：

遵从和政府本身一样古老的惯例，我在你们面前作一次简明扼要的演讲，并当场立下誓言，这是美国宪法所规定的在总统"行使职责之前"所要履行的仪式。

我觉得没有必要探讨行政公务，目前没有特别忧虑或高兴的事情。

南部诸州的人民看起来存在着疑虑：共和党执政意味着他们的财产、和平和人身安全将会出现危险。这种疑虑绝无明智的理由。真的，事实是最有力的证据，供大家去检视。

你们可以从他几乎所有的演讲中发现这一点，那就是现在在你们面前演讲的这个人。我只能从这些演讲中挑选一篇，当时我发表宣言，我并不企图，直接地或间接地去干涉蓄奴州的惯例。我相信我没有这样做的合法权利，我也不倾向这样去做。

我真不想就此结束我的讲话，我们不是敌人，而是朋友。我们决不能成为敌人。尽管目前的情绪有些紧张，但决不能容许它使我们之间的亲密情感纽带破裂。

回忆的神秘琴弦，在整个这片辽阔的土地上，从每一个战场，每一个爱国志士的坟墓，延伸到每一颗跳动的心和每一个家庭，它有一天会被我们的良知所触动，再次奏出联邦合唱曲。

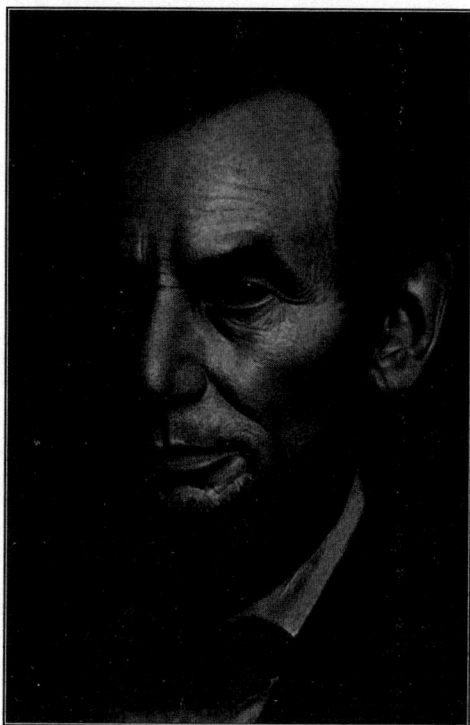

第五章 力挽危局

你可以暂时蒙骗所有的人，也可以永久地蒙骗一部分人；但是，你不能永久地蒙骗所有的人。

——亚伯拉罕·林肯

面临分崩离析的痛苦和煎熬

已经是3月底了，安德森那里的情况越来越危急，或许此时在要塞里的将士们已经开始挨饿了。

然而，这时的白宫却正在举办总统就任后的第一次大型招待会：身穿一套崭新燕尾服的林肯和身材姣好、光彩照人的玛丽站在一处迎接着来宾。

上百双幸灾乐祸的眼睛在等待着林肯出丑。可今天，他却一直自然地和众人聊着天，自始至终表现得十分得体。

明天的《泰晤士报》记者准又能写出这位新任总统讲的许多故事了：关于他喝醉了的马车夫，或是他在西部生活时遇到的种种趣事。

告辞时，客人们或许还会想，当前的局势似乎还并不太危险。

事实上，这歌舞升平的一幕不过是林肯有意安排、避人耳目的。在招待会期间，他就以十分严肃的态度通知了各位部长，当晚要召开一次紧急会议。

招待会结束之后，部长们都留了下来，林肯通知大家说，斯科特将军催他们赶快放弃萨姆特要塞，问大家该怎么办。那天晚上，每位部长回家时，心里都一定是忐忑不安的。几个小时之后，也就是第二天一早，他们还要再去参加一次会议，听取总统的意见。

林肯决定派一艘船给要塞运送给养；在此之前要通知南部的官方，船只不过是给要塞里断了口粮的将士们送粮食的。

倘若南方反应正常，那么一举两得：一则政府的声望得到了

▲林肯与内阁成员

保障，再则要塞内官兵性命也都保住了；若是南方真像几个星期以前所叫嚣的那样，动用起武力来，那么虽然战争打响了，但挑衅的罪名却自然而然地落到了南方人的头上，是他们先放了第一炮，引发了紧张局势，他们理应为此负责。同时，北方人民的愤怒也会被激了起来，要知道，没有这种群情激昂，战争是打不胜的。

其实，在林肯当选总统之时，美国正处于一个不平凡的时期，不管谁当选总统，都必然要面对那个危险且即将引爆的奴隶制度问题。这是一个沉重的担子，需要不屈的意志才能承担。

林肯是美国建国以来最富地方色彩的一位总统，各蓄奴州的总统选举人没有一个人投林肯的票，其中有10个州林肯连一张票也没有得到，可见南方的对抗情绪极为明显。

总统选举实在令林肯感到疲倦，大选之后，他疲倦地躺在沙发上有些心神恍惚。猛一抬头，他忽然发现对面的柜上有面镜子，镜子照出自己的脸，他看见自己有两个影像，其中一张面色极为苍白。

林肯大为恐慌，急忙告诉玛丽，但玛丽认为那是表示将连选连任的好兆头。林肯没有告诉其他人，只是对赫恩登说："比尔，我担心我不会有好结果。"

当选之后，斯普林菲尔德曾举办活动庆祝林肯当选，林肯本不打算演讲，但还是即兴说了两句，他要人们时时刻刻记住"全体美国公民都是同一个国家的兄弟，应该在手足情深的亲情中共同生活"。

南卡罗来纳州预感林肯会当选，州议会甚至一直开会商量对策。当林肯当选的消息传来时，州议会立即再次开会并通过一项决议，宣告脱离联邦。

随后，密西西比州在1861年1月9日、佛罗里达州1月10日、亚拉巴马州1月11日、佐治亚州1月19日、路易斯安那州1月26日、得克萨斯州2月1日脱离。

南卡罗来纳州脱离后，林肯给斯蒂文斯写信。斯蒂文斯是佐治亚人，他是一个矮小瘦弱、脸色苍白患结核病的人，他曾经做过一次精彩演说，使林肯"那双枯干的老眼"充满泪水，现在他是一个有条件的联邦主义者，反对脱离联邦。

林肯告诉斯蒂文斯："我充分意识到国家目前所处的危机以及我担负的责任的重量。"并问道，"南部人当真害怕共和党执政会直接或间接地干预奴隶或就奴隶的事情干预他们吗？"

林肯向斯蒂文斯保证南部人根本不用害怕："在这方面，南部在华盛顿时代没有危险，现在同样也没有危险。"

不过，林肯认为，这样做是不能解决根本问题的，或者无法解决问题，因为"你们认为奴隶制度是正确的，必须加以扩展，而我们则认为奴隶制度是错误的，必须加以限制。我认为关键就在于此，它当然是我们之间唯一的一个重要分歧。"

林肯从当选到就职的四个来月的时间里，美国正经历着一场分崩离析的痛苦的内战煎熬，对立的南北双方都在为脱离和维护联邦做孤注一掷的打算。在就职之前，林肯看着一个州又一个州宣告脱离，他一时间束手无策。

现在仍是布坎南总统当政，尽管他只剩下几个月的任期，而布坎南同样不知道该怎么办。布坎南反对脱离联邦，并称脱离联邦为非法行为。

他说，联邦的"任何一个契约成员都不能随心所欲地废除它"，因为联邦不仅仅是各州自愿联合在一起的一个整体，还是一个主权国家。

令共和党大失所望的布坎南总统继续说，政府不能强迫一个脱离联邦的州回到联邦来。这样一来，就等于是总统给了南部分裂分子以暗示和鼓励。

林肯坐等时间一天一天地慢慢逝去，他如坐针毡，度日如年，只有胡子越长越长。他在家里的沙发上躺着，抚摸着他的已经将下巴遮住了的胡子。

他以前是不留胡子的，可是一个叫格雷丝·比德尔的小姑娘告诉他如果他留上胡子，他的脸就不会看上去那么忧郁，就会显得好看些。那个小姑娘还问他有没有女儿。他不无遗憾地告诉她，自己只有三个儿子，没有女儿。同时对她蓄胡子的建议觉得有趣，最后终于听从了她的劝告。

现在，林肯就躺在沙发上，抚摸着胡子思考着。他知道，在12月间有一种妥协的想法，即将密苏里妥协线扩展到太平洋。肯塔基州的约翰·克里坦登要求对宪法做一系列的修正，希望能得到永久的保护，该提案没能通过表决。

林肯还知道，所有脱离的州或正打算脱离的州都在备战，征召志愿兵，抓紧民兵建设，并在退出联邦的同时，攻占联邦的军火库和要塞。

林肯很清楚，到1861年1月，南部各州脱离联邦已呈洪水决堤之势，新闻界趁机兴风作浪，推波助澜，同时掀起一股脱离狂潮。

林肯感到极为痛心，那个双影镜像也困扰着他，他感到来日多艰，遂决定去见继母一面。他感到在他的少年岁月，他的继母给了他求知上的很多帮助，他一直心怀感激。而且现在，他的父母及一个姐姐都早已故去，继母是他过去生活的唯一见证，是一根纽带，连接着过去岁月的美妙和亲情。他牢牢记住纽带一词并将它用之于就职演说。

2月1日他见到了继母萨莉。她的唯一亲生儿子约翰·迪早在1854年去世，她现在住在女儿家。林肯对他的继母极为爱戴，萨莉也极爱她的这个继子，在他小的时候，她就看出他与众不同，并极力促使他上进。

现在母子相见，萨莉却不仅仅感到高兴，那是见到儿子的高兴，还感到伤感，她的儿子就要到遥远的东部去了，再也不像以前在巡回法庭的时刻说回就回来了，她还能再看到他吗？而且她知道南部有人正计划阻止他当总统，他们打算暗杀他。尽管儿子做了总统衣锦还乡，她却老怀难畅。她多么希望他不要去做总统啊！她有一种不祥的预感，她觉得从此之后可能再也见不到他了，她不由得紧紧抱住她的儿子，眼泪簌簌而下。

林肯在家逗留了一天，与继母共享了一天的天伦之乐。他还抽空去了一趟他父亲的墓地。那里荒草丛生，他在父亲的坟前立了一块木牌。

萨莉惦记她的儿子，他第二天乘4时的火车，在那个寒风凛冽的冬夜，萨莉不顾自己已是73岁的老人，赶来相送。她抱着他不放，呜咽着说怕再也难以相见。

林肯在回斯普林菲尔德前曾对赫恩登说，不要将他们的律师事务所的招牌取下了，他想着做完总统后回来重执律师旧业。林肯与赫恩登在那天晚上谈了很久，他们差不多共事17年了。

当他们走出律师事务所时，赫恩登后来回忆时写道："一路上他讲到一些有关总统的职位所特有的不痛快的特点。'我已经厌倦了当官办公，'他抱怨道，'而每当我想到摆在我面前的任务我便不寒而栗。'"

其实，林肯的当选成了一根导火线，各种政治力量都在重新组合，各种政治人物都在卖力表演。叫嚷要脱离联邦的急先锋中，有些正是奴隶主的代表。

一个来自佐治亚州的种植场主就曾对民主党全国代表大会埋怨说："我本来可以到非洲去，以每个50美元的价格买进更结实的奴隶，而如今我买进一个奴隶却不得不付出1000美元至2000美元。"

林肯反对杀戮，讨厌叫嚣，对于激进和妥协，他说"让我们时刻记住，全体美国公民都是一个共同国家的兄弟。"

林肯一贯坚持原则，他在奴隶制问题上没有丝毫妥协的余地。他在给特朗布尔、沃会伯恩和在华盛顿的其他友人的信中，一再指示他们一定要坚持立场，绝不准奴隶制度扩展一步。他给他们写道："在这一点上要像绷紧的钢链一样坚定不移。一场恶斗即将来临，与其今后某个时期出现，不如现在就来还好一些。"

在离就职典礼还有几个星期之际，许多来信都警告林肯，要他在去华盛顿之前谨防暗杀。

北部也在做好备战工作：新组建的一些炮兵连队正在芝加哥基地集训。1000名黑奴正在南卡罗来纳州的查尔斯顿赶筑防御工事。

伊利诺伊州州长迪克·耶茨通知议会："本州公民中有40万人可服兵役。"宾夕法尼亚州的议员们则宣布，他们州将提供500万美元和10万士兵。

以战斗姿态迎接挑战

1861年2月4日，南方已脱离联邦的六个州的代表们在亚拉巴马州的蒙哥马利召开大会，宣布组成一个名为"美利坚同盟"的临时政府，选举密西西比州的杰弗逊·戴维斯为总统，佐治亚州的亚历山大·斯蒂文斯为副总统。

这时，行将去华盛顿就职的林肯，心情极不平静。他收到了许许多多的信件，把他说成是给国家带来灾难的猩猩、猿猴、小丑、魔鬼、畸种、白痴，祈求上帝鞭打他、烧烤他、绞死他、折磨他，有的甚至干脆就在他的肖像前画上绞刑架和匕首。

对于这一切，林肯都不屑一顾，他心中念念不忘的是受命于危难之际，就要以大无畏的战斗姿态去迎接来自各方的挑衅，并战胜它们，拯救国家和人民于水深火热之中。

去华盛顿宣誓就职之前，林肯曾专程到芝加哥会晤新当选的副总统哈姆林，商定内阁名单的任命事宜。由于事前彼此就有信

函往来，所以这一工作协调得
颇为顺利。

林肯只是希望已加入共和
党的前辉格党人和前民主党人
在内阁中能保持足够的平衡。

在起程去华盛顿的前一个
月里，林肯可真是忙坏了。他
整理好了行装，遴选了两位随
身秘书尼古拉和海，还从卢明
顿把拉蒙要来。

林肯对他说道："希尔，
看来是要打仗了。我要你跟随
我，我没有你不成。"

▲林肯在南北战争中（雕塑）

于是，拉蒙便带着他的五弦琴和随身衣物，以角斗士般的勇
气，随同林肯前去华盛顿就职。

1861年2月6日19时至24时，林肯夫妇在斯普林菲尔德的家中
举行家庭告别晚会，邀请了几百名亲朋好友、本州的政要名流以
及左邻右舍，大家相聚一堂，依依惜别。

在告别父老乡亲的日子里，林肯还抽空草拟了3月4日他将在
华盛顿发表的就职演说，赶在1月份就抢印出20份，并确保秘不
外泄。

2月11日，天气阴冷，细雨迷蒙。林肯一行15人于8时离开斯普林菲尔德，在大西铁路车站起程。2月12日，正当52岁生日的那天，林肯来到辛辛那提市，市长热情地接待了这位新当选的总统。

2月14日，专车抵达匹兹堡市，林肯对乔治·威尔逊市长和市民们的"盛情接待"表示了感谢。2月18日，专列到达纽约州。

纽约市迎接林肯的车队由30辆马车组成，马车前方开路的是一排骑警，那情景煞是威风！林肯乘坐的那辆敞篷车就是英国皇太子几个月前刚坐过的那辆四轮四座马车。

在他下榻的斯特大厦，外面有500名警察把群众与他隔离开，被阻在警戒线外。

林肯在州议会大厅谦恭地表示："不是我故作谦虚，在所有被推举到总统职位的人中，我的确是出身最贫贱的人。可我所要完成的任务，却比他们中的任何一位都要艰巨得多。"

然而，林肯一行刚离开纽约市，就有一个暗杀他的阴谋正在积极酝酿中。一个名叫费尔南迪纳的理发匠是这一阴谋的发起者。

这条绝密情报是林肯到达费城之后才得知的。当时他下榻于好友诺曼·贾德的住处。贾德是芝加哥铁路公司的律师，1856年至1860年曾任共和党伊利诺伊州中央委员会主席。通过贾德的引荐，林肯接见了"费城—威灵顿—巴尔的摩"铁路公司的侦探阿伦·平克顿。

这位经验丰富的谍报人员开门见山地说道："林肯先生，我们得知一起暗杀你的阴谋，这份情报千真万确。他们企图后天在你经过巴尔的摩的途中下手。我此行是为了协助挫败那暗杀阴谋的。"

平克顿接着详尽地叙述了一起狂妄阴谋：巴尔的摩警察局长只打算派出一小队警察去车站，一帮流氓将在站里有意挑起斗殴，便于把警察引开，接着费尔南迪纳之流的刺客们便趁火打劫，乘机冲上前去，把当选的总统林肯团团围住，给以致命的一枪或一刀。

平克顿说："总统先生，我们建议今晚就把您送到华盛顿，抢在敌人行动之前，使他们措手不及。"

林肯考虑良久，然后说道："先生们，我对这一建议深表感激。但是我觉得我不能在今晚就去华盛顿。我已允诺明早在独立厅升旗，然后再去哈里斯堡州议会进行访问。我一定要履行这两项承诺，不管代价如何。只有在这之后，我才打算考虑你们可能采取的任何行动计划。"

2月22日，是华盛顿总统的华诞。那天早晨6时，林肯在礼炮声和群众的鼓掌声中拉动着绳子，一面国旗徐徐升上了独立厅的上空。他面向独立厅拥挤的人群发表了讲话。接着，林肯在荷枪实弹的士兵簇拥下来到哈里斯堡，接受柯廷州长的欢迎。

18时，林肯上楼，把宴会礼服换成旅行便服，口袋里塞一顶软呢帽，手臂上搭着一件披风。

下楼后，门口已停着一辆车。拉蒙和林肯一前一后地上了车，直朝车站驶去。

随后，他们俩改乘专列离开哈里斯堡，空荡荡的两节车厢的专列由宾夕法尼亚铁路公司的一辆机车牵引着，高速前进。

车上没有一丁点灯光，拉蒙随身携带着两支普通手枪，两支大口径的短筒小手枪和两把锋利的长刀。这里的电话线奉命切断，进出哈里斯堡的一切电报电讯全部中断，一切消息均受到严密的封锁。

22时刚过，专车抵达费城，来站台迎接林肯和拉蒙的有侦探平克顿和"费城—威灵顿—巴尔的摩"铁路公司总督肯尼。

平克顿和肯尼是乘坐马车赶到宾夕法尼亚火车站的。他们把林肯和拉蒙接下专列，再亲自把两人送到"费城—威灵顿—巴尔的摩"火车站，从这里搭乘纽约至华盛顿列车的最后一节普客卧铺车厢。

平克顿早就做好准备，派出手下的一名女侦探在那节车厢里定下了靠尾部的几个铺位，其中有一个是为她那"生病的大哥"预订的卧铺，即是为林肯准备的。

林肯快速地爬上了那个铺位，窗帘也给悄悄地拉上了。到达华盛顿后，林肯暂时下榻于威拉德旅馆的一个套间。

那天早晨，林肯同1860年党内的竞选对手、这次被他提名为国务卿的威廉·亨利·西华德一道共进早餐，商讨有关政府的各项交接事宜。

11时，林肯与西华德一道去走访白宫，同内阁成员们握手寒暄，并和詹姆斯·布坎南总统闲聊了一会儿。

布坎南打趣地对林肯说道："如果你进入白宫时跟我回到惠特兰老家时一样地感到幸福，那你就真是个幸福的人了。"

顶住重重压力

1861年3月4日，布坎南总统和前总统现参议员皮尔斯从白宫前往威拉德旅馆迎接林肯前往就职。

林肯缓步走向露天讲台，贝克和道格拉斯站在林肯旁边。贝克首先向大家介绍当选总统林肯，人们礼貌性地欢呼了几下。华盛顿特区和马里兰都是蓄奴区，人们对他已是够客气了。

林肯的身体欠安，脸色苍白，他掏出讲稿，慢条斯理地展开并戴上眼镜，摘下帽子放在道格拉斯手上，然后从容不迫地开始演讲。

林肯说："南部各州的人当中好像有一种恐惧心理，生怕共和党执政会危及他们的财产、和平和人身安全。这种恐惧从来都是毫无根据的。"

林肯重申了他一再重申的观点"我无意直接或间接地去干涉蓄奴州的奴隶制度。我认为我没有这样做的合法权利，也不想这样做"。

林肯还宣读了一份决议,这个决议是"保护各州的权利不受侵犯,特别是保护每一个州完全根据自己的意愿来制定和管理自己的内部制度的权利不受侵犯,这对于我们政治结构的完善和持久所依赖的力量的平衡至为重要。我们谴责用军队非法入侵任何一个州或准州的领土,这种入侵不论出于什么借口,都是最严重的罪行"。

因此,林肯补充说,"所有各州如果合法地要求保护,不管出于什么原因,只要宪法和法律规定应该给予保护的,政府都将乐于给予其保护,对于无论哪个地区都一视同仁。"

林肯的就职仪式与戴维斯相比除了显得冷清外,还表明了一种大混合。

参加仪式的除了各界群众外,还有他的朋友,共和党人,还有他的对手,不过这个对手为了联邦已与他站在了一起。

根据惯例,总统宣誓必须由联邦首席法官主持,因此罗杰·坦尼走上前来,在他耄耋之年主持了第一个共和党总统的就职,以前他还主持过四个民主党和四个辉格党总统的就职典礼。

林肯左手按在《圣经》上,举起右手,庄严宣誓:

我庄严宣誓,我将忠实地履行合众国总统的职责,我将尽我最大的努力保持、维护和捍卫合众国宪法。

　　这时，国会山上礼炮齐鸣，发出震天动地的巨响，向这位美国第十六任总统致敬。

　　总统宣誓仪式结束以后，这位新任总统上了车，经由宾夕法尼亚大道驶回去时，沿街的房屋都有绿衣的枪手暗中保护着，且一路还有步兵队列。

　　当林肯终于到达白宫，而未曾受到任何伤害时，许多人为之惊讶。但也有一些人感到失望。

　　林肯就职时，还有成千上万个憔悴又走投无路的人到处找工作，而他们也知道共和党这回上台，一定会把民主党的一切官员

▲林肯总统在演讲

免职，连一星期赚十元的办事员也不例外。

众多的求职者争取着每一份工作，林肯进白宫还没有两个小时，就被他们所包围。他们冲过走廊，挤满了通道，占领了东厅，就连私人的客厅也被侵入。

也有些人只是来索取他的签字当作纪念。还有一个靠出租房子为生的爱尔兰妇女跑到白宫来，要求林肯帮忙向一个政府小职员收房租。

只要有一位官员罹患重病，就有几十个求职者拥到林肯面前，要求补上这个空缺。每个人都带了许多证件而来，但林肯连其中十分之一都来不及看。

有一天，有两个求职者希望到邮局工作，并将一大堆证件塞进他的手里。

当时，林肯为省事起见，将两人的文件原封不动地放上秤上称了一下，然后就指定了那个拥有较重文件的那个人。

几十个人再三地来求见林肯，要份差事，一旦受到他的拒绝就痛骂他。这当中有好多是游手好闲的废物。有一个女人来替她的丈夫找工作，并承认他因醉倒而不能亲自前来。

"他们永不停止吗？"林肯感叹道。

这种求职者近乎疯狂的进攻，曾经使扎卡里·泰勒总统上任后未满一年半就去世，也使哈利生总统在四星期内便死去，但林肯却必须忍受这些谋职者并同时还要主持战争。

终于，林肯那铁一般的身体也在重重压力之下支持不住了。当他罹患天花时曾说："叫那些求职者都立刻来吧！因为现在我有某种可以供给他们的东西了。"

林肯在就职演说发布的决议马上受到了检验。宣誓就职后的第二天，林肯就得到了有关南卡罗来纳州查尔斯顿的萨姆特军事城堡的坏消息。

萨姆特堡里当时驻扎了一小批联邦部队。联邦部队指挥官安德森少校来信说，城堡给养日渐短缺，最多只够40天。除非得到补充，否则只好弃堡而去。

萨姆特堡是南方仍旧处于联邦控制下为数不多的城堡之一，林肯不愿放弃。而且，林肯在宣誓就职时刚刚保证过，绝不放弃脱离联邦各州境内的联邦财产。

然而，向萨姆特堡运送补给非常困难。萨姆特堡位于查尔斯顿港的一个岛上，四周都是南方炮火。是送粮接济呢，还是撤离？林肯的内阁意见不一，但主张撤离者占绝大多数，几乎只有邮政部长布莱尔一人明确表示赞成增援。

国务卿西华德担心如不撤离要塞，就会引起战争，从而使边界诸州迅速脱离联邦。

他自作主张，告诉南方代表联邦政府将不增援萨姆特并于十天内撤出。有40天的时间可以犹豫，因为过了那个时候，安德森上校没有面粉和腌肉是无法守下去的。但一旦放弃萨姆特要塞，那便是默认了南方的独立。

双方的力量在这里展开较量。共和党的报纸展开了舆论攻势，对政府的犹豫不决行同放弃主权不满。

公众对增援萨姆特的支持，使林肯坚定了坚守要塞的信心。他说："假使安德森上校退出萨姆特，我就退出白宫。"

但是，联邦总司令斯科特老将军却在那里说："放弃萨姆特和皮肯斯两处要塞也许是有道理的。"

3月末，林肯召集内阁开会，阁员们听说了老将军的意见，颇有些群情激动，主战派逐渐多了起来，林肯趁机决定派一批船只送粮至萨姆特。

勇敢应对初战失败

1861年4月1日，南北战争爆发。

4月6日，林肯总统写了一封信，派人设法送给皮肯斯州长。皮肯斯获该信，他被通知联邦"将试图仅以粮食接济萨姆特要塞。如果此举不遭到抗拒，或该要塞未遭受攻击，除非另有通知，均不运送人员、武器或弹药"。

南方的"美利坚同盟"临时政府的戴维斯总统赞成进攻萨姆特，于是陆军准将皮埃尔·博雷加德受命，必要时袭击萨姆特要塞。4月11日，博雷加德将军特派一只小船到萨姆特堡，给他那西点军校炮兵科的得意门生安德森少校送去一份照会："我奉同盟政府之命要求你们从萨姆特堡撤离，我们将为你和你部的撤离提供一切必要的方便。"

安德森少校当即强硬复照："我遗憾地通知你，我的荣誉感和我对我的政府的责任感，使我不能对你的要求唯命是从。"当少校把这份复照交付博雷加德的副官时，还加上一句，"先生们，即使你不用炮火把我们轰成齑粉的话，我们在几天之内也会饿死的。"

博雷加德随后又派了四个人划了一只船去萨姆特堡。午夜过后，他们交给安德森少校一份照会，声称如果对方确定一个具体的投降时刻，就可避免"无谓的流血"。

安德森少校立即召集部下商议对策。会议从午夜1时一直开到3时。这时，安德森作出了回复："我真心实意地赞同你的避免无谓流血的愿望。我将在备有适当和必要的运输工具的条件下，于本月15日中午撤离萨姆特堡，如果我在那时以前没有收到

▲林肯在南北战争中

本政府制约性指令或新的供应品的话。"

4月12日晨4时30分，查尔斯顿港驻军对萨姆特要塞开炮，顿时硝烟弥漫，炮火连天，炮声震耳。萨姆特要塞开炮还击，慌乱中一门大炮爆炸了，一个联邦士兵倒在地上。联邦一气轰炸了近34个小时，发射了近四千发炮弹，萨姆特要塞断断续续打出近千发炮弹。

令人意想不到的是，双方无一人死于对方炮火，尽管要塞差不多被基本摧毁，那面飘扬在要塞上空的旗帜也被炸得大窟小眼。

更令人意想不到的是由此而开始的这场战争夺去了62万人的生命，持续达四年之久。

4月15日，林肯政府宣布征召志愿军。战争狂潮横扫南北，而在北方显得尤为万众一心，斗志高昂。无数城镇、村庄，热烈响应林肯的号召，小伙子们纷纷入伍，正准备开赴华盛顿。

4月17日，已经开了两个月的弗吉尼亚州议会结束了马拉松式的会议，决定退出联邦。这个决定终于使一个满腹心事的人打定主意回到弗吉尼亚，他就是罗伯特·爱德华·李。

他的父亲是著名的"轻骑哈利"，曾在独立战争中功勋卓著，深受华盛顿宠爱，而他本人也是公认的军事天才，而且为人严谨正派，曾宣誓效忠美利坚合众国。

罗伯特·爱德华·李与林肯一样，痛恨奴隶制度，并希望有朝一日能废除它。而且他热爱联邦，憎恶那些产棉州的自我吹嘘、骄傲好战，他一直不相信南方联盟会得胜。

当弗吉尼亚宣布脱离之后，他毫不犹豫地拒绝出任联邦军队指挥，并说："我不能率领一支敌对的军队同我的家人、亲戚作战，所以除了保卫我的故乡弗吉尼亚外，我不想再拔出我的剑了。"他的这一决定，似乎就把南北战争延长了两三年。

林肯政府征召的7.5万名三个月服役期的志愿兵，将在7月期满，于是在6月下旬大家大声疾呼要求：行动！行动！行动！在一个极热的7月天中，麦克道尔带着他的3万名大军，浩浩荡荡地去攻打在弗吉尼亚州布尔河的南方联盟军队。

当时的美国将领中，没有一个人曾经率领过那么大批的人马。这支部队的一个旅归谢尔曼上校指挥，他发现用尽一切办法也难以阻止那些未经训练的士兵在炎炎烈日之下，不去找水喝和摘路旁的野草莓。

麦克道尔的三万大军雄心勃勃地又散散漫漫地向前进，南方政府将在20日召开国会，他们幻想着前往将其逮捕，并押送回华盛顿。18日，部队遇到布尔河军队的前哨，他们打了一仗，使得部队耽搁了两天。

当北方部队开始佯攻布尔河的石桥和下游滩头时，石桥上游约三公里处，大队北军人马正渡过布尔河，南军几支军队奉命赶至其左侧，仍然不敌，不得已退至亨利豪斯山上。接着战火更大规模地蔓延开。南军左翼受到更猛烈攻击；北方军队在数量上占有极大的优势，打得南军溃不成军。

不久，天空飘下濛濛细雨，使激战的双方更感阴沉。南军起初是慢慢撤退，又转而进攻。

北方观战的人们看着自己的军队退到布尔河时，便觉得情况不妙。大炮隆隆作响，更可怕的还是南军冲杀过来时的尖啸。立即，一个国会议员赶着他的马车回头就跑，民众纷纷紧随，大家害怕地跑着。撤退过来的部队也被传染了恐怖的情绪，他们跟着跑开。

战场变得异常混乱，北方溃军肆无忌惮地往回跑，他们只怕追来的敌军。发疯失神的人们抛掉他们的枪杆、外衣、军帽、腰带、刺刀，只是跑着，像是被一种无名的鬼火所驱逐似的。有些人完全精疲力竭地倒在路上，并被路过的车马压死。

那天是星期日，当林肯还坐在教堂里时，30多公里外的炮声就传进了他的耳中。礼拜完后，他直奔国防部，要阅读那些从战地各方传回的电报。

电报稿虽然片段不全，林肯还是很愿意和斯科特将军讨论那些事。所以他连忙赶到那位老将军的寓所。这位老将军看看这些由战场上送回的电报后，就告诉林肯没有什么可牵挂的，而后又抱怨着他的背痛，便再躺下睡着了。

这天半夜，北方惨败的军队，在混乱中，开始蹒跚地渡过波多马克河上的长桥，进入华盛顿市区。

人行道上置起桌子来，也运来了几车面包，有一些时髦的小姐、太太们站在热腾腾的大锅汤和咖啡旁分配食物。

麦克道尔已完全精疲力竭，就在赶写一份通讯电稿时，竟然在一棵树下睡着了，手里还握着他的铅笔，一个句子才写完一半而已。

他的士兵们现在疲惫不堪也顾不得一切了，所以他们随地倒在人行道上酣睡，在倾盆大雨中睡得和死人一般一动也不动，有些在睡梦中，还紧握着他们的枪。

星期日这一晚，林肯一直未睡。天亮后，他倾听着新闻记者和头戴丝质帽的市民讲述着他们目睹的混乱情形。他已看出那将会是长期的战争，所以他请求国会征召40万人。

国会替林肯政府招募十万人，并同时决定，另有50万人要服役三年。

在战争开始不久，有一位名叫麦克列兰的年轻将军，带着20门大炮和一部活动印刷机，冲进了弗吉尼亚，攻击南方联军。事后，他的活动印刷机印发出几十次夸张的捷报，将他的胜利告知全国。

由于当时战事才刚开始，人民恐慌而盼望着某个英雄出现，所以也就对这个年轻军官的评估信以为真。在布尔河战败后，林肯请他来华盛顿，任命他为波多马克军区司令。

麦克列兰毕业于西点军校。他极爱骑马，因为骑在马上更使他像个统帅。他的部下老远看见他骑马过来，便高声喝彩，他便在马上得意扬扬地模仿拿破仑挥手的样子，为此赢得了"年轻的拿破仑"的美誉。

他的确有些拿破仑的才干，一上任便开始重新组织和训练军队，使得那些不知纪律为何物的士兵成为唯命是从的军人。林肯再三催促他进攻，他只是举行阅兵并谈论许多有关他行动的事，一直是空谈。

麦克列兰一再地拖延，一再地找出各种理由，但当被逼到不得不加以说明时，又总是怒气冲冲甚至不加理会。

波多马克河毫无战事。林肯忍受不了这种寂静，他迫切需要胜利来鼓舞士气，激励民心。

因此，在一个寂静的夜晚，林肯带着秘书约翰·海，找到西华德，前往麦克列兰家，碰巧总司令去参加一个婚礼。

麦克列兰23时后回来的时候，发现了等候约一个小时的总统一行人。他走过他们所在的房门口，爱理不理地径直上了楼。一会儿仆人给林肯他们传话，说他太累了，已上床就寝了。

这个年轻的总司令如此无礼，使西华德气得发抖，林肯则平静地离开了。第二天他说："只要麦克列兰能打胜仗，我情愿为他牵马。"

一年过去了，麦克列兰还是没有行动的迹象，只有操练士兵和举行阅兵，并说大话。

全国为之哗然，林肯也为麦克列兰迟迟不动的缘故，而受到各方的抨击和责难。"你的拖延要毁灭我们了。"林肯叫道，并正式下达进攻的命令。

事到如今，麦克列兰必须采取行动，否则就要被逼辞职了，于是他连忙赶到哈泼渡口，命令他的部队立刻出发。他计划去攻打弗吉尼亚。

当麦克列兰将这个事情告诉林肯，并说浮桥尚未准备好的时候，那最有耐心、也最能容忍的总统终于发脾气了，用他以前在印第安纳州乡下的俚语质问道："见鬼了，为何还没准备好呢？"

5月，这"年轻的拿破仑"对他的士兵们作了一场演讲，夸口说他要立即解决整个战事，并让士兵们早点回家去种植玉米和小麦。然后，他终于带兵出发了。

这时的李将军和斯登华尔·杰克逊很清楚，他们所对付的是一个胆怯且从来不上战场的麦克列兰。所以李将军就让他用三个月的工夫到达里乞蒙。当麦克列兰带兵抵达城外时，士兵们似乎可以听见教堂的钟声。

这位机智的李将军对麦克列兰一连发动了几次凶猛的攻击，不但在7天内，就把他赶回兵舰上躲起来，且还使他损失了1.5万名士兵。

麦克列兰的兵力本来就比敌人多。他每次不会一下子把他所有的兵力用上，但他却不断地要求增兵。起初，他要求多加1万人，然后5万人，最后要10万人。尽管他晓得那是不应该的，而林肯也知道他晓得这一点，林肯告诉他，那种要求"简直是荒唐"。

麦克列兰的岳父马细任林肯政府参谋长，他说，事到如今除了订约投降外，别无他策了。

听到这话时，林肯气得涨红了脸，他请人把马细找来说道："将军，我听说你曾说过'投降'这个词，只要是与我们的军队有关的话，那是一个不该使用的词。"

"在军事行动上，"林肯感叹地说，"一个指挥者的智慧是多么重要啊！"因此，他多次跪下祷告，祈求上帝赐给他一位罗伯特·李或约瑟·约翰斯顿或斯登华尔·杰克逊。

"杰克逊，"他说道，"是个勇敢、诚实的军人。只要我们有这一种人来统领北方军队，那么国家就不至于如此多难了。"然而在整个联邦军队中，到哪里去找出另一位斯登华尔·杰克逊呢？没有人知道。两年来，林肯一直想要找出这位全国所盼望的军事领袖。

他起初认为麦克列兰是这个人，就把军队交给他，而这位将军只会率领人马打败仗。于是，这位让国人蒙受羞辱的将军就被调换，但是另一个也同样是个没有能力的人，尝试一番又造成1

万多人死亡。

林肯穿着便装长衣和拖鞋，整个晚上在地板上踱着方步听取各种报告，一再叫嚷着："我的上帝呀！国民将说什么呢？我的上帝呀！国民将说什么呢？"而后就又有另一个统帅就任，但依然是失败。

绝望之余，林肯把军权交给班赛特。班赛特知道自己并不胜任，于是他曾两度推辞。当他被迫受命时，他竟然哭了。之后，他统领军队，向李将军在菲勒利克斯堡的军队猛烈进攻，最后竟丧失了1.3万名士兵。士兵们死得很冤枉，因为根本就没有一丝获胜的希望。

于是，军官以及士兵们开始大批地逃亡。班赛特被革职了，而军队就被交给另一个吹牛者胡克尔。"但愿上帝可怜李将军吧！"胡克尔夸口道，"因为我不会宽恕他的。"

胡克尔带领了他所谓的"全球最精锐部队"迎击李将军。他的兵力有南方军队的两倍多。但是，李将军在长思拉村将他赶过河，并歼灭了他部队中的1.7万人。

在那状况恶劣的几个晚上，林肯来回不停地在他房间里踱来踱去，同时叫嚷着："完了！完了！一切都完了！"虽然如此，最后他还是前往菲勒利克斯堡，去慰问胡克尔并鼓励他所带领的军队。

林肯忧伤过度，陷入一种无精打采的绝望中。他几乎不能处理他的公务。那些信件、电报放在他的桌上都还没有翻阅。

他的医生怕他不能康复，也怕他会永远这样消沉下去。

总统有时会坐着高声朗诵几个小时，听众只有他的秘书或侍从武官。通常他所念的是莎士比亚的作品。

有一天他正在给他的侍从武官念"约翰王"，而当他念到康士坦士哭亡儿那一段时，林肯合上书，就背诵了下面的几句："天主神父啊！我曾听你说，在天上我们能重见我们的朋友，当真如此，我将再见到我儿呀！"

以自己的人格魅力感化他人

林肯的内阁们和军队一样，互相之间争斗与嫉妒。面对这种情况，林肯总是用自己的人格力量去化解争端，促成团结。

国务卿西华德自命为"内阁总理"，无视内阁其他的成员，常常干涉别人的行政，并引起了那些人的反感。

财政部长蔡斯则蔑视西华德，憎恨麦克列兰将军，更怨恨国防部长斯坦东，同时也憎恶邮政总局局长布莱尔。

布莱尔却夸口说，当他要向人挑战的时候，便是他"要置人于死地"的时候。他指责西华德是个"无定见的说谎者"，始终不肯和他有任何来往。

布莱尔因到处挑战，终于使自己掉进无法翻身的陷阱里。因为自己结怨太多，林肯只好请他辞职。

副总统汉尼巴·含林不愿意和海军部长基甸·韦尔斯说话。韦尔斯则头戴着精巧的假发，并留着一大簇白胡须，写着日记，其里面每一页的记载几乎把他所有的同僚们攻击得一文不值。

韦尔斯特别憎恨格兰特、西华德以及斯坦东。至于那既暴躁又无礼的斯坦东，是他最恨的人。他轻蔑蔡斯、韦尔斯、布莱尔、林肯夫人，乃至于其他任何人。

"他从来不顾虑别人的想法，"格兰特说道，"而当他拒绝人家的要求时，会比准许时还要快乐得多。"

谢尔曼恨透了斯坦东，所以有一次在大庭广众面前，在阅兵台上使斯坦东蒙受耻辱，而10年后当他写回忆录时，还对这事引以为乐。

▲林肯和内阁成员

几乎每个阁员都自认为比林肯优秀。华盛顿全城都说是西华德在把持着政权。

这话重重地伤了林肯夫人的自尊心并引起她的愤怒。她只有催促她那谦虚的丈夫要为自己辩护。

"我也许自己不会统治国家，"林肯向她保证，"但西华德确实也是不行的。唯一能主宰我的是我的良知和我的上帝，而这些人们将来都会明白这一点。"

果然，后来人们全都明白了这一点。

沙尔门·蔡斯，看上去像是个天生的政治人才，不但有修养，而且是个古典文学家，精通三国语言。他是个很虔诚的教徒。

林肯是个幽默天才，不论在任何情况下都能使蔡斯因愤怒而烦恼。

一天，林肯的一位老朋友自伊利诺伊州来白宫拜访他。守门人用警戒的眼色将他打量一番，就说"总统不能见客，内阁正在开会"等话来打发他走。

"那没关系，"那客人说道，"你只要告诉亚伯拉罕，奥兰德·克洛格想要跟他讲一个口吃的法官的故事，他就会来见我。"

林肯听后立刻吩咐要他进来，并和他握手言欢。转过身向着内阁成员们，说："诸位，这是我的老友奥兰德·克洛格，他想给我们讲一个口吃的法官的故事。这是个挺好的故事，所以我们现在就把公事先放下吧！"

于是，严肃的官员们和国家大事只得等候，而奥兰德尽管说他的故事，林肯则尽情地大笑一场。

每当这时，蔡斯就气愤极了，因为他对国家的将来感到担忧。他埋怨林肯根本是把战事当作玩笑，且正在把国家的前途送进破裂和灭亡的深渊里去。

蔡斯在林肯的面前假装是个朋友，但在林肯的背后却又是总统的死对头。

林肯屡次不得不为决定政策而得罪一些有势力的人们时，蔡斯便赶快跑到那闷闷不乐的牺牲者面前，向他们表示同情，然后就挑拨他们对林肯的怨恨，并说若是沙尔门·蔡斯当权的话，他必定能得到公平的处理。

"蔡斯就像是一只飞蝇，"林肯说过，"他能在每个他可寻到的、腐坏的地方随时下卵。"

然而，若比起那凶暴的斯坦东，蔡斯还只是一只温顺的小猫呢！短小精干、有牦牛似的体格的斯坦东确有一些类似动物的凶猛及狂暴的性情。

和斯坦东初次见面是在一次为了专卖特许权的案件开审时，而当时的他们，连同费城的乔治·哈定，都是作为被告的顾问。当时的林肯曾把案件仔仔细细地研究过，并准备要发言。

但是斯坦东和哈定却看不起他，不但将他撇在一边不去理睬，还侮辱他，甚至不准他在开庭时说出一句话。

斯坦东说过："我绝不愿和那样可恶、笨拙的长臂猿来往。倘若我不能和一个有绅士风度的人一起处理这个案件，那我宁愿放弃。"

林肯说他每次回到家里，总是感到极大的羞辱，然后就陷入极度的忧郁之中。

"我从来没有被像斯坦东那样的人恶劣地看待过。"

当林肯成为总统时，斯坦东对他的蔑视和厌恶更是加深。他说他是"一个痛苦的低能者"，并宣称他毫无办法治理国家，应该由一个军事独裁者把他驱逐出去才对。

有一天，一个国会议员说服了总统，要求调动某部军队。议员拿到命令后便匆匆忙忙地跑进国防部，将它放在斯坦东的桌上。但斯坦东尖声说他绝不照办。

那个议员抗议道："可是，你可别忘了这是总统的命令啊！"

斯坦东反驳道："如果总统给了你这一道命令，那他一定是个傻瓜。"

那位国会议员又跑回林肯那里，期待着要看林肯大发脾气并开除这个国防部长。

但是，林肯静听事情的始末后，面露笑意，便说："如果斯坦东说我是个傻瓜，那么我必然就是，因为他几乎是对的。我愿意去找他商谈。"

林肯果然去了，斯坦东坚持他的命令是错的，林肯最后只好收回成命。既然晓得斯坦东痛恨受干扰，林肯总是让他随心所欲地去做。

然而有时，总统也会固执地坚持己见，而这时斯坦东可要当心了。

有一次，林肯写了一道命令说："不用'假如'、'而且'或'但是'，爱里渥·赖斯上校应晋升为美国陆军准将。亚伯拉罕·林肯。"

到后来，斯坦东、西华德以及好多最初谩骂或轻视亚伯拉罕·林肯的人们，都晓得要尊敬他。

当林肯躺在福特戏院对面的一所公寓里垂死的时候，这位铁人斯坦东，就是曾经诋毁他为"一个痛苦的低能者"的人，却说道："这里躺着全世界有史以来最完善的人类领袖。"

在美国南北战争中

林肯是美国历史上一位杰出的总统，他的政治生命与美国第一场大内战南北战争紧密相联系。

在这场战争中，林肯适应国内外形势的需要，审时度势，采取各种灵活现实的策略。

在政治经济上适时地采取一切有利措施以维护联邦统一这一根本目标；在军事上参与了重大战略和战役计划的制定和指挥工作；在用人上知人善任，提拔了格兰特等优秀将领；在外交上避免一个时期同时打两个战争，防止欧洲列强的武装干涉。

林肯在决策中着眼于战争全局，以国家整体利益为重，成功地取得战争的胜利，维护了联邦的统一。

1861年3月4日林肯宣誓就职，一个月后南北战争正式爆发，1865年4月9日内战结束，五天后林肯遇刺，次日凌晨逝世。林肯的总统任期几乎与美国南北战争相始终。在这场关乎美国国家命运的战争中，林肯作为时任的国家总统，战时陆海军总司令，并作为美国资产阶级的头面人物，在解决和处理国家重大事务过程中能够审时度势，运筹帷幄，并能忍辱负重，顾全大局，处处以国家利益为重，既不超越客观历史环境所允许的限度，又表现出一种为实现自己政治信念所具有的坚韧不拔的精神。

美国学者哈利·威廉评价他："作为一位最伟大的战争总统而出人头地，他大概是我国历史上最伟大的战争总统，是伟大天才的战略家。"

马克思也给予他高度评价："在美国历史上和人类历史上，林肯将与华盛顿齐名。他是一位达到伟大境界而仍保持自己优良品质的罕有人物。"

正是这样一位伟大人物，以他在政治、军事、外交、用人等各方面的重要决策推动北方在战争中迅速取得胜利，并最终维护了联邦政权的统一。

林肯在美国总统任上，在美国南北战争中，在诸多方面取得了卓越的成就。

（一）政治经济方面的作为

以林肯当选美国总统为导火线爆发了美国自独立以来的第一场大内战，南北战争，林肯的总统生命便与这场战争结缘。在战争中，林肯巧妙地采取了一系列积极的政治、经济措施，推动了战争向有利于北方工业资产阶级一方发展，以期达到维护联邦统

一的终极政治目标。在他
的心目中，联邦意味着自
由的政府，民有、民治、
民享的政府。

在战争中期，他颁布
的《解放奴隶宣言》、
《宅地法》等，都是为了
维护联邦的统一这一中心
政治目的。

1.政治方面。战争初
期，废除奴隶制与维护联
邦统一孰先孰后，成为美

▲林肯在美军基地视察

国联邦内部争论的焦点。林肯与反对派、激进派和废奴主义者，
在这问题上的看法有着很大的分歧。

激进派认为应先解放南方的黑奴，而后再平叛。在1861年7
月4日致国会咨文中，林肯强调："联邦不可分"

国会参众两院比较赞同林肯的观点，随后一致通过关于战争
目的的决议。宣称战争不是为了任何征服或者镇压目的，不是为
了推翻或干涉南部诸州的权利和现存制度，战争的唯一目的就是
保存联邦。

维护联邦统一，成为林肯政府的纲领口号，成为南北战争的

至上目标。基于这个目的，对奴隶制问题林肯采取回避态度。他认为："如果我能拯救联邦而不解放一个奴隶，我愿意这样做；如果这是为了拯救联邦需要解放所有的奴隶，我也愿意这样做。"

我们丝毫不怀疑林肯的废奴坚定性，这从以后林肯颁布《解放宣言》可以证实。

在当时的情况下，联邦是唯一能团结大多数人的旗帜。

而正是林肯在整个战争中能很好的正视当时的现状和客观形势，高举联邦统一的政治大旗，使一切都服从于这一中心目的，显然是十分明智的。

在内战第一阶段，林肯出于策略上的考虑，基本上奉行不干涉奴隶制的原则，主张以赎买和移植等较温和的手段处理奴隶问题。例如，他解散了黑人组成的南卡罗来纳志愿兵第一团；拒绝废奴主义者征集一支5万黑人军队的请求；撤销弗里蒙特颁布的解放部分地区奴隶叛乱分子的公告，还免去弗里蒙特的职务。

林肯对弗里蒙特夫人说："这是一场为维护联邦而战的战争，弗里蒙特将军不应该把黑人问题牵扯进来。"

林肯策略的中心目标在此明确体现出来。他曾主张由北方联邦政府出钱赎买南方奴隶，以使其获取自由，并让黑奴迁到北方的自由州份。

到了战争第二阶段，林肯改变了回避奴隶制的策略。他根据

形势发展，毅然宣布解放奴隶，于1862年9月

22日通过了《初步解放宣言》，1863年1月1日签署了《最后解放宣言》。林肯策略思想的转变仍然是围绕恢复国家统一、维护联邦制这一中心目标。

8月22日林肯在给《纽约每日论坛报》的霍列斯·格瑞利的一封公开信中写道："我想拯救联邦，我想在不破坏宪法的情况下尽快的拯救它。如果有人只是在摧毁奴隶制度的条件下才愿意拯救联邦，我是不同意的，我在这个斗争中的首要目标便是拯救联邦。"

在这一阶段，林肯之所以提出要废除奴隶制，是出于策略上的考虑，主要是因为国内外形势所迫。

其一，国际形势的需要。英法企图进行武装干涉，蠢蠢欲动。由于北方战场的失败，到1862年英法这种意图愈加明显。

林肯认识到要挫败英法的武装干涉，争取战争胜利，必须得到全世界进步力量的支持和同情，提出解放黑奴的策略可以争取进步力量的支持。

在当时国际形势下，解放黑奴使北方获得了英法等国工人阶级的同情和支持。他们在国内掀起罢工斗争，阻止英法政府对美国内战的干涉，使得欧洲的整个民主舆论对联邦同情，以致没有一个欧洲政府敢于借宣言或行动置身于一个受世界谴责的制度的那一方面。

在强大舆论的支持下，欧洲列强不得不放弃干涉美国内战的一切计划，英法武装干涉的企图也随之破产。

其二，国内形势的需要。1862 年，北方志愿兵的招募工作遇到困难，许多士兵逃亡，造成兵源不足。林肯为了在战场上克敌制胜，必须摧毁南方的经济，并把黑人这支战斗力量吸引到北方。为了达到这一目的，解放奴隶的步骤是必不可少的。

林肯指出："解放奴隶会给我们带来在南方土地上生长起来的二十万人，它还会给我们带来更多的东西，它使敌人减少同样多的东西。"

奴隶的解放，导致南方奴隶的大量逃亡，对依靠黑奴劳动的南部种植园经济是个沉重的打击。同时大批黑人参军，应征入伍的共有23 万人，其中陆军20 万、海军3 万，另外还有25 万黑人在陆海军从事后勤工作。在战争中共有186000 人直接参加战斗，其中约有38000 多黑人为此而献身。

正是为了维护联邦统一这一中心目标，在国内外形势的逼迫下，林肯审时度势，实行策略上的灵活转变，从战争前期不干涉和回避奴隶制问题，转向采取解放奴隶的方针。《解放奴隶宣言》的内容体现了林肯策略上的转变，也始终是围绕维护联邦统一这一目标。

按他个人的想法，宣言只是一个战时措施。首先、宣言没有一句话谴责奴隶制度；其次、宣言并没有要求解放南部所有的奴隶，它有严格的指定地区；再次、在预告性宣言发表后的一百天内，如果叛乱分子放下武器，就意味着南部奴隶制将得到维持；最后、联邦军队控制地区的奴隶不予解放。

由此可以看出，这显然是一个有局限性的"解放宣言"，

但是它又是至关重要的。正如林肯所说的，它"对于拯救联邦来说是至关重要的一项军事措施，我们必须解放奴隶，否则我们自己将被征服"。

南北战争行将结束时，激进派认为应当把南方参加叛乱的各州当作被征服地区来看待，并且把新人移到那里，而把叛乱者驱逐出去。

林肯反对激进派的主张，认为南部各州在法律上从来没有脱离联邦，而只是由于发动和参加叛乱暂时中断与联邦的联系。他对叛乱分子采取宽容态度，也始终是围绕维护联邦统一这一中心目标。

在1863年大赦宣言中林肯提出："一切参加叛乱的人，只要它宣誓表示效忠并且废除奴隶制度，就可获得赦免，发还被没收的全部财产，恢复被剥夺的政治权利。"

这一措施对在战争中刀兵相见的敌人而言，是相当宽容的。林肯担心严惩叛乱者会在南方叛乱分子中种下仇恨的种子，助长他们的复仇心理。

林肯说："曾经叛乱过的人民，假若他们感到自己的脖子上

套上一个枷锁的话，一定不会变为良好的公民。"如果国家因此面临第二次内战，联邦的统一又重新会受到威胁。

只有宽容才能维护国家长治久安。这里显示出林肯是一位心胸开阔、目光远大的政治家。

2.经济方面。战争爆发以后，联邦军队进展十分不利，遭受了一系列的失败。为了扭转这一不利局面，林肯制定实施了许多经济措施，包括颁布《宅地法》，采取一系列积极灵活的关税政策，等等。

这些措施都在不同程度上推动了战争向有利于北方的战局方向发展。

1862年，林肯在颁布《解放奴隶宣言》的同时，也实施了一部重要的经济法案，即《宅地法》。根据此法案的规定，任何一个美国家庭只要在其占据的土地上居住或耕作满5年，其户主只需要缴纳10美元的登记费就可以免费领取160英亩土地为己所有；若居住不满5年，则该户主可在该土地上居住满6个月以上后，以当时的最低价格，约每英亩1.25美元，购买这块土地。

该经济法案的颁布具有巨大的意义。

一方面他对于发展联邦政府控制区域的经济产生了积极的刺激作用，一方面它对于发展北方的经济，为增强北方在南北战争中的实力打下了坚实的经济基础；另一方面他增进了联邦政府在民众心目中的信任度，极大调动了北方民众参与战斗的积极性，对于保卫联邦的统一产生了巨大作用。并为战争胜利后的西部大开发产生了极其长远的影响。

林肯战时的另一项重要经济措施是,在封锁南方向欧洲进出口货物通道同时,积极向外发展出口业务。南北战争时,英国谷物歉收严重,粮食供应几近中断,林肯不计前嫌,对英国的粮食出口有增无减,一方面为北部联邦创造了大量的外汇收入,有效支持了北部联邦夺取战斗的胜利;另一方面,也博得了英国民众对北部联邦政府的同情与支持,正是林肯这些适时得当的经济措施推动了联邦一步步走向了胜利。

(二)军事与用人方面的作为

南北战争既然是一场敌对双方的军事较量,那么,北方能够最终获取胜利,这便与最高领导人林肯独到的军事与用人措施不无关系。

美国志愿兵少将弗兰西斯·格林和英国准将科林·巴拉德就曾对林肯的军事才能有过很高的评价:"林肯是一位非凡的战略家,北方取得最后胜利,主要得力于林肯在军事上的卓越领导"。在战争期间,林肯所施行的一系列正确军事决策都显示林肯在军事上的巨大天赋。

在战争伊始,虽然北方处于不利地位,甚至南方的军队进逼到了联邦的首都华盛顿附近,但作为国家领袖,陆海军统帅的林肯对战争却表现出坚定不移进行到底的态度,更是展现了一位优秀军事领导者的良好气质。这从另一方面也进一步体现了他维护联邦统一的坚定决心。

当北方军队惨败，国内许多人要求停战和解，甚至一向以坚决反对奴隶制著称的霍列斯·格瑞特也在1861年6月29日写给林肯的公开信中表达了这一看法。林肯力排众议，坚持继续作战。他对国务卿说："我想把这场战争坚持到胜利为止，或者坚持到我死，或者坚持到我被征服，或者坚持到我的任期届满。"

作为军政最高统帅的林肯，唯有如此坚定的必胜信念，才能充分激励将士去勇敢战斗，以争取胜利。

当萨姆特要塞危机出现时，林肯以一名战略家的独到眼光，以及灵活的政治军事策略，成功将危机化解。

萨姆特要塞是联邦在南部同盟境内的一个军事要塞，在战争爆发前后，迫切需要联邦政府接济军需品，而南方当局则要求联邦部队撤出这个要塞。当时，在北方以西华德为首的绝大多数内阁成员和顾问，都担心向要塞供应军需品，会使边界州走向分离，甚至自作主张向驻在华盛顿的南部邦联的特使保证联邦政府不增援萨姆特要塞的驻军。

林肯在做了慎重分析后，终于想到一个好办法解决此事件，那就是在通知南方的同时，向要塞派一只给养船。

这是一举两得的，若南方允许船只通过，则要塞官兵可保性命，政府声望得以保障；而南方若武力相向，发起内战的罪名则为南方所背，那么北方将在政治和舆论上占据主动。于是，林肯力排众议，作出向萨姆特运送军粮的决定。

南方当局因担心萨姆特要塞得到补给后，会阻碍南部联盟，遂于4月12日向该要塞发动进攻。这正中林肯下怀，这等于宣告南方当局不仅破坏了联邦的统一，而且首先向联邦开战。

北方人在这一事件之前虽有恢复国家统一的强烈愿望，但不愿为此付出代价也不愿与南方作战。

这一事件发生后，北方愤怒声讨南方的叛乱行径。当林肯发出征召志愿军参战的号召后，立即得到响应。林肯的秘书约翰·尼科赖写道："迫使叛乱者进攻要塞，从而把自己放在正义一边，是林肯深思熟虑的计划。"

萨姆特要塞危机的结果与其说是南方一个重大战略性错误，不如说是林肯一个战略性决策的胜利。

林肯参与了重大战略和战役计划的制订和指挥工作，甚至没有忽略具体的细节。林肯虽不是军人出身，缺乏实际指挥作战的经验，但他通过自身较强的自学能力，在国会图书馆阅读了大量军事著作，谙熟拿破仑的军事思想和冯·克劳塞维茨的军事理论。"

"歼灭敌人有生力量"是拿破仑的军事思想之精髓而冯·克劳塞维茨军事理论的灵魂则是不断采取进攻迎击敌人。

林肯融合两家之长，不墨守成规，因时因地作出战略决断。

战争前期，林肯制定了"以攻为守，积极应战"的战略方针。林肯认为应以南方军队为打击目标，而不要以南方首都里士满为目标。

1861 至1863 年北军的败退原因是多方面的，而米德将军在1863 年6 月葛提斯堡重创李军正是林肯战略原则的重要体现。战争中后期，林肯开始集中优势兵力，实行"钳型夹击，全面反攻"的战略方针。

格兰特和米德两将军在东线挥师南下，萨尔曼和托马斯在西线配合南下部队。东西互为掎角，遥相呼应，在葛底斯堡和维克斯堡两战区几乎同时取得决定性胜利。

1865 年3 月28 日，在林肯亲自主持下，召开了一次高级将领紧急会议，决定最后采取紧缩包围、南北同时发动进攻的战略方针。

格兰特和萨尔曼两线夹击，迫使南部邦联政府放弃里士满，结束了美国内战。

林肯的战略决策，表现出他指挥战争、驾驭全局的才能，为战争的最终胜利立下不朽功勋。

在用人方面，林肯能做到举贤不避仇，他曾启用一大批自己的政治对手，像道格拉斯，赛华德等。他们曾经对林肯极尽攻击之能事，但由于他们的特殊才能，林肯仍大胆启用。最为人称赞的是他知人善任，他善于识别将才，一方面将贻误战机、自以为是、不听指挥的将领果断撤换另一方面又大胆破格提拔有才能的年轻军官，并委以重任。

前者最明显的一个事例体现在林肯对联邦总司令麦克莱伦的任命和免职上。由于麦克莱伦无能，北方屡遭惨败。

但林肯认为，虽然麦克莱伦自己不会打仗，但他擅长使别人作好打胜仗的准备。

出于这点，他对麦克莱伦对自己无以复加的怠慢和侮辱不存芥蒂，但当他最后看清麦克莱伦无法指挥战斗时，不顾挚友弗兰克·布莱尔的劝说，毅然罢免了他。对于林肯这一举措，马克思指出："他用极其平静的方式干了一件出人意料的事"。并认为这是北部军事胜利的一个转机。

同时，林肯在战争中不拘一格提拔使用将领。他尊重的是能力而不是声誉，尊重才干而不是年龄，破格提拔了一批年轻军官，如米德将军、托马斯将军、谢尔登将军和谢尔曼将军。

他们在内战中立下赫赫战功。尤其是格兰特将军的破格提拔，更为人所称颂。虽然格兰特在生活上不拘小节，嗜酒如命。林肯经过长期考察，认为格兰特是一位不可多得的将才。他宣布："我所要的、人民所要的，是愿意打仗并且取得胜利的将军，格兰特就是这样的人，所以我支持他。"

林肯对格兰特不断委以重任，直至1864年3月9日正式任命他为"全国大将军"，即陆军总司令。

格兰特在南部邦联心脏地区的不停的军事重击，带来1865年战争的结束。格兰特在内战后期的表现，也说明了这一点。

正是林肯起用这些优秀将领，使得他们个个人尽其才，林肯才能将自己的战略决策通过这些将领得以付诸实施。从林肯的军事策略和用人策略，更能体现出他比手下任何一位将军更为高明，为了联邦赢得这次战争，他比格兰特和任何将军的贡献都大。

（三）外交方面的作为

美国内战爆发后，英国政府在5月13日首先发表"中立声明"，宣称："女王政府决定在上述敌对双方的战争中严守中立。"

法国、西班牙、荷兰等国也于6月份先后发表"中立声明"。在南北战争爆发前后，北方在外交上处于十分不利的地位。首先，南方奴隶主推行"棉花外交"，妄图利用它使英法走上武装干涉的道路，以共同打败北方。

英法棉织业的原料棉花，百分之八十来源于美国南方，南方奴隶主参议员詹姆斯·哈蒙德自信地认为："不需要放出一颗炮弹、不需要拔出刀剑，我们就可以把全世界置诸膝上。如果他们胆敢和我们开战，如果三年间不供应棉花的话，英国将尽全力去动员整个文明世界来拯救南方。"

另一奴隶主本杰明·希尔更是得意忘形地宣称："我们所指

的小小的、细弱的棉线，它却能够将世界绞死。"

英法等国尤其是英国希望占有棉花这张王牌。英国首相帕麦斯顿赤裸裸地说："我们不喜欢奴隶制，但需要棉花。"

如果战争长期持续，英国又需要棉花，英国出兵干涉的危险性是存在的。其次，英法等国还企图通过支持美国南方奴隶主来削弱美国的实力，使美国无法与之竞争。

英国认为，一个分裂的美国更有利于它在北美的殖民统治。法国则企图在墨西哥建立一个由它控制的天主教的拉丁帝国。

从争夺世界霸权这一角度出发，美国北方正处于英法两国的虎视眈眈之下。

基于上述两个原因，英法两国敌视美国北方，积极支持南方，伺机挑起事端妄图直接出兵干涉内战。

1861 年，英国外交大臣约翰·罗素公然接见南部联盟派往的外交使团人员。5 月 13 日的"中立声明"中提及南方叛乱政府时，使用了它自定的名称"交战国"。在"特伦特号"事件后，英国还调集 8000 人的精兵准备开往加拿大待命。

1862 年 4 月，法国拿破仑三世宣称：法国要站在奴隶主方面干涉内战，同时出兵墨西哥。

《波士顿日报》一篇社论《秃鹫麇集》哀叹："美利坚这个名字所引起的恐惧一去不复返，旧世界的列强聚集在筵席上，在此，之前我们的鹰的尖叫声曾经把他们吓走。"

正如比米斯指出"门罗主义已被法国在墨西哥、西班牙在圣多明各践踏了"在严峻的局势面前，林肯外交策略的中心是排除欧洲列强的武装干涉，避免两线作战。他机智果断地采取一系列外交策略，使美国摆脱了外交上的不利局面。

其一，用"小麦外交"挫败南部同盟的"棉花外交"，消除英法干涉的企图。

1861年4月19日，林肯宣布进行海上封锁，阻止反叛各邦与美国其余各部分的一切商务，但不禁止外国船只出入美国各港口。

内战中，仍有不少南方棉花输往欧洲，英国每年可得到南方输出棉花的四分之一。

英法在封锁还不彻底地危害他们的利益之前，也不会轻易进行干涉。同时，美国内战期间英国谷物歉收，到处寻求粮食供应，而美国北方小麦却大获丰收。

林肯并没有因为英国对美国持敌视态度就采取报复，而是果断作出决定，向英国出口小麦和面粉。

1859年达7912万蒲式耳、1862年达到4千万蒲式耳、1863年仍为2千4百万蒲式。英国为度过粮荒，也不敢轻易和美国北方作战。北部的"小麦王"取代了南方的"棉花王"。最后南部同盟的"棉花外交"以失败而告终。

其二，贯彻"一个时期只能打一场战争"，用和平方法处理

"特伦特号"事件。

1861 年11 月11 日，联邦海军在英国邮船"特伦特号"上扣留两个南部特使。英国于12 月21 日正式照会美国，宣称这是一种暴行，既侮辱了英国国旗，也破坏了国际法，要求放人并赔礼道歉，限美国6 日内答复。美国北方不少人士对此普遍持强硬态度，主张以战争对战争。英美战争大有一触即发之势。

林肯对敌我力量作了冷静的分析，明智选择退让政策，释放被捕的南方特使并表示愿意赔偿损失。林肯认为："英国人不给我们回旋的时机，这很使人感到屈辱，但我们不想同时进行两场战争，不过到头来吃亏的只会是英国。"

林肯觉得只有这样做，国际局势才可能化险为夷，政府才可以集中力量对付南方的叛乱。

"一个时期解决一个战事"的思想，是林肯在整个内战期间一贯坚持的外交策略。这一点同样在法国入侵墨西哥，扶持马克西米利安政府，直接威胁美国领土，以及1862年在如何对待"彼得霍夫号"邮船上缴获的英国邮袋的处理问题等，林肯都在同一原则指导下以退为进，以屈求伸，它排除了英法等国与南部联盟的可能性，避免了同时进行两个战争，从而加速内战的胜利。

林肯这一策略虽遭到多方面的责难，但其决策的英明却被内战的进程一再予以证明。

其三，贯彻亲俄国反英法政策。有效利用欧洲列强之间的矛盾。

19 世纪50、60 年代，俄国在同欧洲列强的争霸中屡遭失败，同英法存有隙怨，想借美国内战之机拉拢美国同英法抗衡，以便提高它在欧洲争霸斗争中的竞争力，因而在反对英法上，美俄是一致的。

1862 年10 月，俄国拒绝英法联合干涉美国内战的建议。1863 年俄国又派出两支实力雄厚的舰队访问美国，以示对林肯政府的支持。

林肯抓住时机，认为俄舰访美有利于美国外交斗争，同意舰队访问美国，还举行盛大的招待会欢迎俄国海军官兵。

美国史学家卢拉汉说："在美国内战期间同俄国人的友谊，对我们来说是有利的。"

这是林肯外交策略上的胜利，它对排除英法武装干涉起了很大的作用。历史学家杰伊·莫纳汉形象地对林肯的决策作出很高的评价："俄国的大炮使得最顽固的外交家懂得了葛底斯堡的演说。"

其四，积极扩大影响，争取国际工人阶级的支持。

为了得到国际工人阶级的声援，林肯开创了资产阶级总统求援于国际工人阶级的范例。他给英国曼彻斯特工人和伦敦工人发去两封公开信。信中说："我知道，曼彻斯特和整个欧洲工人在这些危机中不得不忍受痛苦，为此我深为悲痛。在这样的情况下，我认为你们在这个问题上所表示的坚决态度，是任何时代、任何国家都未曾有过的最崇高的基督教英雄主义的一个例证。"

林肯在信中向英国工人忍受棉业危机的痛苦，坚决支援美国人民反对奴隶制的正义斗争，表示感谢。这两封信进一步推动英国工人阶级反对政府干涉美国内战的企图，示威、集会遍及英国全国。英国统治阶级不得不承认，"欧洲任何政府现在想承认南部是越来越困难了"英国政府摄于工人阶段强大的抗议浪潮放弃制造"两个美国"并进而控制北美的计划。

林肯的外交才能和外交策略，杜绝了英法政府企图干涉美国内战的可能性，避免联邦陷入双重战争从而拯救了联邦。

在领导美国南北战争期间，林肯以对人民的同情心，以及爱国心投入到保卫联邦，维护祖国统一的斗争中去。

正如林肯常言："如果我自己力量不足的话，至少我将求助于人民群众，只有他们才永远不会失败。"他多次在演讲中指出："危急关头，能拯救我们的，不是船长，而是全体船员"。

正是林肯认识到人民的力量，时刻与人民保持联系，倾听人民呼声，终生享有"人民之父"的美名。

在整个战争中，林肯以政治家敏锐的眼光，顺应时势，把握时机，排除障碍，推动了美国北方走向胜利，完成了美国的第二次资产阶级革命。

在这场关系到美利坚民族命运的战争中，林肯不仅使美国南北双方在政治上统一了起来，在经济上也成为一个整体，而且还废除了黑人奴隶制。这为美国经济的发展扫清了道路，也为美国在以后成为世界资本主义头号强国奠定了扎实的基础。

正如马克思所指出："他是一个这样的人，既不为艰难所威吓，也不为成功所陶醉，不屈不挠地向远大目标迈进"一句话，他是成功地成为伟大而又不失其为善良之人，以致世界在他作为一个殉道者而倒下了以后才发现他是一个英雄。

他的英名正是与美国南北战争的胜利、《解放宣言》的发表联系在一起的。战争的最终胜利粉碎了南方种植园经济，工业资产阶级在政治上获得了政权，强化了中央政府的权力，维护了国家的统一，经济上统一了国内市场，推行自由经济，有利于工业资本主义发展，使美国成为第二次工业革命的主要发生地并且积累了大量资本，为今后夺取世界霸权奠定了基础，从而使美国能在南北战争后不到30年的时间内，工业生产总值迅速跃居世界首位。同时，废除了黑奴制度，在一定程度上保障了美国民主建设。

这些使林肯成为美国历史上最伟大的总统之一，从而与"合众国之父"华盛顿齐名。

发表《解放黑奴宣言》

1862年5月，林肯政府颁布了著名的《宅地法》，规定凡美国公民只需交付十美元的手续费，就可以在西部得到一块相当于64公顷的土地；连续耕种五年以上，这块土地即成为个人私有财产。这一法令的公布，激发了广大人民群众的革命积极性，扭转了内战的形势。1862年夏季，林肯听取完反奴隶制的牧师蒙丘尔·丹尼尔·康韦有关全国各地情况的汇报后，严肃地说："当解决奴隶制的时机到来时，我确信我一定会尽我的职责，哪怕付出我的生命也在所不惜。先生们，一定会有牺牲的。"

1863年1月1日，是决定发布第二个宣言即《最后解放黑奴宣言》的日子。英国的一些报刊曾预言，宣言发表后，必将引起黑人奴隶的暴动，南方人民将惨遭屠杀，美国将面临可怕的命运。

不少人都怀疑林肯总统是否会如期发表这个宣言，有人甚至认为林肯会在1月1日撤销它而不会发表。当内阁会议开完后，林肯用了一整天的时间重新抄写了宣言的全文，然后再交给国务院正式誊清。宣言规定下述地区将不宣布解放奴隶：田纳西州、密苏里州、肯塔基州、马里兰州四个未脱离联邦的边界蓄奴州；路易斯安那州的13个县级教区和弗吉尼亚州诺福克周围的一些县。

1月1日上午，总统主持了元旦例行招待会，同政府和陆海军中的高级文武官员以及各国外交使团的成员一一握手。招待会持续了三个小时。这天下午，西华德和他的儿子弗雷德里克带着林肯亲自起草的《解放黑奴宣言》文本来到白宫。作为一份完整的文件，总统必须在上面签字。林肯知道，与这个文件相连的名字永远不会被人们遗忘。

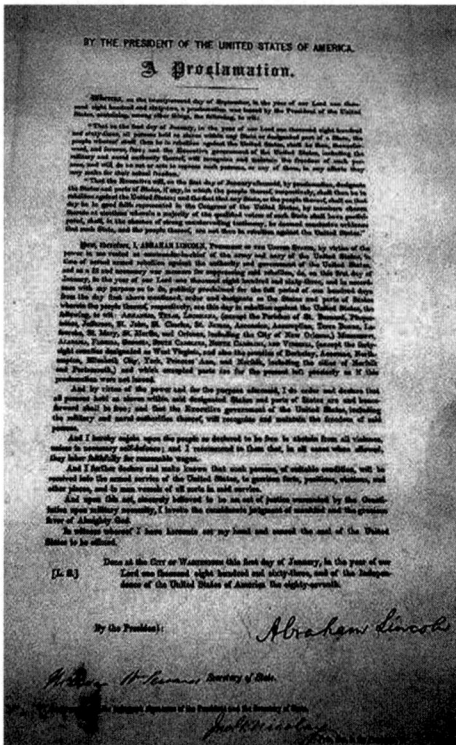

▲林肯签名的《解放黑奴宣言》

在签字之前，林肯不胜感慨地说道："在我的一生中，我还从来没有像在这份文件上签名这样更加确信自己做得对。但我从9时起就一直在接见客人，同他们握手，弄得我手臂僵硬麻木。"

"现在这个签字将被人

们仔细看着，如果他们察觉出我的手有点颤抖，他们就会说'他有点后悔了'，但无论如何，这个字总是要签的。"说完，他再次拿起笔，沉着而坚定地署上了"亚伯拉罕·林肯"的名字。国务卿西华德也签了名，然后盖上章。随后，文件便存进了国务院的档案库中。《解放黑奴宣言》作为一份质朴审慎的历史性文件在发表之后，立即成为有巨大轰动效应的新闻，在当天乃至于在当月，通过各种媒体和书信传遍了全世界，成为亿万人的关注焦点。宣言登报之后，立即受到国内外人民群众的热烈欢迎和全力支持。匹兹堡、布法罗和波士顿鸣放礼炮100响以示庆贺，在北方的一些城市里，人们通宵达旦地举行集会，尽情歌唱，欢笑，祈祷，黑人群众都在兴高采烈地迎接新的曙光。

尽管《解放黑奴宣言》给了南方同盟以沉重的打击和极大的震撼，使内战形势从此向有利于北方转化，但因为它没有明确宣布废除奴隶制度也没有规定给予黑人以土地，所以，一些废奴主义者和反奴隶制的极端分子仍不满足。有的说宣言太温和了，应当更彻底、更坚决一些。

黑人解放犹如冲击堤坝的洪水，其势锐不可当。林肯在广受信任和拥戴的同时，也遭到蓄奴派和"铜头蛇"之流的恶毒攻击，尤其是在《解放黑奴宣言》发布之后。

1863年3月，《芝加哥时报》一马当先，散布了"弹劾"总统的舆论，诸如"下次国会开会时将对总统进行弹劾"、"总统

所犯的罪行罄竹难书，人们有足够的理由对他进行弹劾"、"每
个真正的爱国者在获悉总统将受惩办时，定会欢欣鼓舞"等。

此外，当时还有种种传言，说什么"白宫中暗藏着一名南方
女间谍"。言外之意是，指责林肯总统的夫人玛丽·托德·林肯
不忠于联邦。

一天上午，国会战争指导委员会中的参议员们特地举行了一
次秘密性集会，专门审议有关林肯夫人背叛联邦的检举揭发报
告。谁也没有想到的是，会议刚刚开始，林肯神不知鬼不觉地
出现在参议员们的面前，再也没有比这更使与会者感到惶恐不
安的了。与会者之一后来描述现场的情景时写道：在会议桌子的
另一头，一个身材高大的人孤零零地站着，手里拎着一顶帽子，
他正是亚伯拉罕·林肯。他的眼神像死人般的凄惨，明显地流露
出一种无法形容的完全孤立之感。

不一会儿，这位不速之客控制住了自己的感情，用一种凄凉
的声调徐徐说道："我，亚伯拉罕·林肯，合众国总统，完全自
愿地到参议院本委员会面前声明：就我所知，关于我家庭成员有
叛国通敌行为的消息是不真实的。"林肯在说完这一证词后，便
像来时那样悄然离去。

那位与会者继续写道："我们大家面面相觑。过了好一阵，
大伙儿都心照不宣，一句话也没有说便同意不再讨论有关总统夫
人出卖联邦的谣言了。我们都深受感动，决定立即休会。"

巧妙处理下属的错误

1863年6月，南北战争继续进行，南军李将军准备挥师北上。李将军领兵北上，其先头部队在马里兰，但其后防却在弗雷德里克斯堡，在这么长的阵线上，某一部分势必被拉得非常脆弱。

林肯得知后特别兴奋，于是问胡克尔："你能不能将它切断？"胡克尔却像麦克列兰一样畏缩不前。林肯便让乔治·米德统领波托马克军。米德领命就职。

6月29日，李将军的军队穿过马里兰进入了宾夕法尼亚州。李将军率领7500名士兵，士气高昂，丝毫不把北军放在眼里，一路直向宾夕法尼亚首府哈里斯堡而来。

双方的战斗在7月2日的14时开始，南军朗斯特里特率众猛攻联邦军的左翼。猛烈的战斗持续了两个小时，300门大炮朝各个方向开火，炮声震耳欲聋，大地在颤抖，爆炸后的浓烟在战场上翻滚。叛军略占优势。

7月3日，李将军为两次小胜而小瞧了北军，认为他们不堪重击，遂决定直击北军中央。米德的炮火对准一块开阔的地方，还有步枪埋伏准备开火。但李将军不为所动，说道："以前军队中从未有这么勇敢的士兵，如果领导有方，那他们就会在任何情况下做任何事情。"

南军在乔治·皮克特的率领下，穿过半公里长的弹雨，攻进了阵地，与北军开始肉搏。皮克特披着一头披肩长发，手拿闪闪发亮的指挥刀，指引着攻向北军要害。

有意思的是，乔治·皮克特这个人曾是林肯的朋友，是在林肯的帮助下才读了西点军校的。当他向北军猛冲的时候，他军队人员的伤亡太大，逐渐抵挡不住北军。北军在自己的土地上作战，感到好像在自己的手臂上悬着国家的命运似的，他们打得极为勇猛，结果使南军败下阵来。

李将军错了，他犯下了不可挽回的错误。以血肉之躯去阻挡炮火，以步兵去对付炮兵，这使得李将军的军队损失惨重，伤亡达3.6万人。北军相对较轻，也达2.3万人。

不过，李将军虽败而不乱，7月4日就退回第一天开战时的阵地据守。米德也无意进攻，而他的反攻正是李将军所害怕的。趁着晚上的大雨，李将军将军队退回到波托马克河。

令李将军叫苦连天的是，河水陡涨，无法渡河。这时李将军进退两难，看来只有束手就擒了。

米德知道这是一个千载难逢的良机，因而试图攻击李将军的军队。他把时间定在7月13日，就在前一天晚上，他却召开了一个作战会议，征求各军意见。

结果发现只有两个军长愿意作战，这使得米德进退两难。总统一再敦促他进攻，他也试图如此，然而，却无可奈何！如果他不召集作战会议，直接发号施令，就不存在愿意或不愿意的问题，军人以服从命令为天职，但既然知道了他们不愿进攻，而逼迫他们进攻，那就显得太专断了。

▲美国南北战争场景

　　林肯似乎预感到米德会召集作战会议，他让总司令哈勒克电告米德：

　　　　开作战会议就打不成仗。

　　仗果然没打起来。就在米德犹豫不决的时候，李将军的部队正忙着过河，如果此时发动进攻，可稳操胜券。但米德错过了机会，至14日中午，李将军的军队全部安然而退。

　　林肯大怒，高声叫道："天哪！这是什么意思？敌人已为我所掌握，只要举手之劳即可胜利。可是不论我怎么说怎么做，就是不能推动那支军队。在那种情况下，差不多任何将军都可打败李将军了。即使是我，也能打败他的。"说到后来，他实在是痛惜的成分居多。

　　在痛惜之际，林肯不由自主地坐于桌前，提笔写信给米德：

　　　　对于葛底斯堡大捷你给国家作出的贡献，我是非
　　　常、非常感激的，你在葛底斯堡和敌人打了一仗，把敌
　　　人打败了，当然，至少可以这样说，敌人的损失和你的
　　　损失一样重。敌人撤退了，而你呢？我看似乎并没有对
　　　敌人穷追不舍。

　　　　但这时河流涨满洪水，把敌人阻住了，这样你可以

慢慢地追上敌人。你身边至少有两万名老兵，在支援范围内的新兵也有此数，另外还有在葛底斯堡和你并肩作战的部队，而敌人却不可能获得一个兵源的补充。可是你却按兵不动，让洪水退尽，让桥搭起来，眼看敌人从容不迫地跑掉而不去追击。

他接着写道：

亲爱的将军，我认为你对李将军的逃跑所造成的严重后果并没有充分地了解。他当时就在你的掌握之中，只要跟踪合围，再加上我们新近获得的其他胜利，战争就可以结束了。

而现在，战争将无限期地拖下去。要是你上周不能有把握地攻击李将军，现在你在波托马克河之南，兵力只有原来的三分之二，又怎么能向他进攻呢？

林肯越写越恼火：

现在要指望你有多大成就是不可能的，而我也不指望了。你已经错过了大好时机，这使我感到无限烦恼。

写至此，林肯停了一下，怒气一经泄出，心里就好受一些。他觉察到语气过于严厉，便又补充了一段：

请不要认为我的这番话是要指控你，或存心为难你。正因为你已经知道我对你的不满，我才觉得最好还是诚恳地把不满的原因跟你讲清楚。

写完后，林肯不禁设身处地地替米德着想，米德在葛底斯堡战役中几天几夜没有合过眼，而且战场显得那么悲壮，那么惨不忍睹，"如果我是米德，"林肯想，"或许也会放过李将军吧！"此时，林肯怒气全消，遂将这一封信搁置起来，没有发出。

这封信不曾发出，米德也未曾读到它。它是在林肯去世后，从他的文件中发现的。

信任并支持格兰特

早在南北战争开始时，在伊利诺伊州的伽勒那召集了一队志愿军，由西点军校毕业生格兰特操练他们，因为他算是伽勒那这座城里唯一懂得练兵的人。但是，当士兵带着武器出发奔赴战场的时候，格兰特却只能站在人行道上目送他们。原来上级已经选了一位队长代替了他。

格兰特写信给国防部，叙述他的经历，并请求派他为一个团的上校。他的信从未得到任何答复。

后来，伊利诺伊州志愿军的第十一团叛变，成为一群武装的暴徒。叶特州长慌了。他本来不重视格兰特，但格兰特是从西点军校毕业的，所以州长就不得不用他。这样，格兰特走到斯普林菲尔德的操场，去接管那个无人可统治的团。

他没有马匹，也没有制服，因为没有钱去买。他那一顶汗渍斑斑的帽子上有好几个破洞，他的双肘也露在那一套旧外衣的外面。他的士兵们，向他开玩笑。有一个家伙在他背后用拳打他，而另一个人冲向那个人的背后用力一推，使他向前倒去，并撞上格兰特。

格兰特立即下令，若有人违抗命令，就整天被捆绑在一根柱子上；若是有人开口骂人，就用东西塞住他的口；若是团里点名有人迟到，他们会一天一夜没有饭吃。这位伽勒那出身的军人驯服了他们暴躁的习气并带领他们到密苏里去打仗。

不久，另一次惊人的幸运又降临到他头上。那些日子，国防部正在选派多位准将。伊利诺伊州曾选出华士奔为国会议员。他的政治野心很大，一直想对伊利诺伊州的父老们表示他有办法，于是他就到国防部要求从他的辖区内指派一个准将出来。可是有谁呢？在华士奔的选民当中就只有一位西点军校的毕业生。

于是几天以后，格兰特拿起一份圣路易的报纸，看到一个令人惊喜的消息：他升为准将了。

他被派驻伊利诺伊州开罗的司令部后，便立刻开始工作了。他用船载运他的军队，开往俄亥俄河上游，占领了帕度加，即肯塔基州的一个战略据点，而后提议拿下田纳西州去攻打那个控制着甘巴兰河的登涅逊要塞。格兰特在一个下午便夺取了要塞，并且俘虏了一万五千人。

格兰特进攻的期间，南方盟军的西门·巴克那将军请求讲和，但要谈投降的条件，可是格兰特极其尖锐地回答："我唯一的条件就是无条件并立即投降。我提议要立刻攻上你们的城堡。"

西门·巴克那就是收到这一份简短答复的南方盟军的将领，原来在西点军校时他就认得山姆·格兰特，而且当格兰特被军队开除时，还借钱给他去付他的租金呢！看在那份借款的份儿上，巴克那觉得格兰特在措词上应该要更客气一些才对。但是巴克那还是原谅了他，并同时投降了。之后，他整个下午一边抽着烟，一边和格兰特谈往事。

登涅逊堡的攻陷为北方保住了肯塔基州，使得北方军队安然进军320公里而未受阻击，并驱逐了田纳西州大半的南军。也切断了他们的接济，因而造成那士维的陷落以及哥伦布堡的失守。这一连串的打击引起南方普遍的士气低落，而使缅因州到密西西比州的各处战火连绵。那是一次令人惊异的大胜利，并在欧洲造成了一番空前的赞佩。从那时候起，国会提升格兰特为少将，并派他为西部田纳西军区的司令官。

格兰特在西部的直属上司是哈莱克。海军上将富特称哈莱克为军事白痴，但是哈莱克却自命不凡，他总觉得格兰特这位曾经被军队革职的人居然无视他的存在。因为他曾几乎每天打电报给格兰特，但格兰特竟然不理会他的命令。至少，哈莱克是那样想的，但是事实并非如此。当登涅逊沦陷以后，电信方面就已截断，使他无法将电报发过去。但是哈莱克并不晓得这件事，他十分愤怒，只想给这年轻小伙子一顿教训。于是，他接二连三地向麦克列兰打电话，一直刁难格兰特。

麦克列兰也嫉妒格兰特，因此他给哈莱克一份电报说："假如是为了职务上的益处，不必犹豫，尽速拘捕格兰特并改令G·F·斯密斯统率军队。"哈莱克便立刻夺去了格兰特的兵权。

一年后格兰特复职了，却在西罗一战造成悲惨的大错。假若不是南方盟军的将领约翰斯顿在战争中因失血过多而阵亡，那么，格兰特的全军可能要被包围而就擒。当时，西罗之战中格兰特损失了1.3万人。于是，好多指责都降临到他的头上，群众狂怒的浪潮弥漫全国，民众都要求把他罢免。

但是林肯却说："我不能没有这个人，因为他善战。"

▲格兰特和他的将军们

　　第二年的1月间，格兰特要远征维克堡。这是一所天然的要塞，高居密西西比河面上200米处的绝壁上。要攻打它是相当费时而且困难重重的。那地方防卫之森严，就连河上的炮舰都不能用它们的炮火去射击它。而格兰特的困难就在于如何接近它并加以摧毁。多方思考后，格兰特决定要截断河上的堤防，让他的军队坐上小船，渡过沼泽地带并由北面开始进攻。但是失败了。

　　那时正是严冬，雨水几乎使河水涨满了整个河谷，而格兰特的军队则在好几里远的沼泽地带中和蔓延的野藤中挣扎。士兵们陷在泥沼中，泥沼高到他们的腰部，他们在泥沼中吃饭，他们又在泥沼中睡觉。疟疾流行，又有麻疹和天花横行。卫生设施是几乎谈不到的，死亡率高得骇人。结果，维克堡之战又是一场败战。连格兰特自己的将领们都认为，他的计划是荒谬的，并深信那将必然惨败无疑。全国的报纸都大肆讽刺，而国人都要求格兰特辞职。但是，林肯不顾人们的反对，还是支持格兰特。林肯的信心终于得到回报。

　　1863年7月4日，格兰特骑着一匹从杰弗逊·戴维斯农庄上取来的马，冲进维克堡，打了一次大胜仗，远胜过华盛顿以来任何一个美国将军的功劳。他居然在维克堡俘虏了4万人，将整个密西西比河归入北军手里，把南方联盟截为两半。

　　林肯深信，有了格兰特的指挥，一切将顺利成功。

"民有、民治、民享"

　　1863年7月1日至3日，在葛底斯堡之役战场上，南北双方留下超过七千具战士遗骸、数以千具战马尸骨。

　　尸体腐烂的恶臭在战事结束后一周内，使许多小镇居民剧烈作呕。庄严有序地埋葬死者成为当地数千居民的首要职务。终于，宾夕法尼亚州购下17亩的土地作为墓园之用，为这些葬送于沙场的英灵善后。

　　威尔斯最初计划于1863年9月23日星期三题献这座墓园。威尔斯及治丧委员会几乎是事后才想起邀请林肯参与揭幕式，并将林肯的演说顺序排在国务卿爱德华·艾佛瑞特后的第二位。

　　林肯搭乘火车于11月18日到达葛底斯堡，当夜做客于威尔斯位于葛底斯堡市镇广场的住宅中。此前在华盛顿的两星期内，林肯在穿衣、刮脸、吃点心时也想着怎样演说。

　　演说稿改了两三次，他仍不满意。到了葬礼的前一天晚上，还在做最后的修改，然后半夜找到他的同僚高声朗诵。走进会场时，他骑在马上仍把头低到胸前默想着演说词。

19日9时30分，林肯骑着一匹枣栗色马，加入排成长列的队伍中出场。据估计，约有2万人参与仪式，入席者包括当时24个联邦州中的六位州长。

▲美国南北战争

那位艾佛瑞特讲演了两个多小时，将近结束时，林肯不安地掏出旧式眼镜，又一次看他的讲稿。他的演说开始了，一位记者支上三脚架准备拍摄照片。这段的演说时间只有几分钟，在今天译成中文，也不过500多字，而演说时赢得的掌声却持续了10分钟。

林肯在演讲中说：

87年以前，我们的祖先在这块大陆上创立了一个孕育于自由的新国家，他们主张人人生而平等，并为此而献身。

现在我们正进行一场伟大的内战，这是一场检验这一国家或者任何一个像我们这样孕育于自由并信守其主张的国家是否能长久存在的战争。

我们聚集在这场战争中一个伟大战场上，将这个战场上的一块土地奉献给那些在此地为了这个国家的生存而牺牲了自己生命的人，作为他们的最终安息之所。我们这样做是完全适当和正确的。

可是，从更广的意义上说，我们并不能奉献这块土地，我们不能使之神圣，我们也不能使之光荣。为那些在此地奋战过的勇士们，不论是还活着的或是已死去的，已经使这块土地神圣了，远非我们微薄的力量所能予以增减的。

世人将不大会注意，更不会长久记住我们在这里所说的话，然而，他们将永远不会忘记这些勇士们在这里所做的事。相反的，我们活着的人，应该献身于勇士们未竟的工作，那些曾在此战斗过的人们已经把这项工作英勇地向前推进了。

我们应该献身于留在我们面前的伟大任务，由于他们的光荣牺牲，我们会更加献身于他们为之奉献了最后一切的事业，我们要下定决心使那些死去的人不致白白牺牲，我们要使这个国家在上帝的庇佑下，获得自由的新生，我们要使这个民有、民治、民享的政府不致从地球上消失。

后人给这份演说词以极高的评价。林肯的葛底斯堡演说是美国文学中最漂亮、最富有诗意的文章之一。通篇演讲虽然是一篇庆祝军事胜利的演说，但它没有丝毫的好战之气；相反的，这是一篇感人肺腑的颂词，赞美那些作出最后牺牲的人以及他们为之献身的理想。

在这篇演讲中，林肯提出了深入人心的"民有、民治、民享"的口号，成为后人推崇民主政治的纲领。

林肯的这篇演讲被认为是美国历史上最伟大的演说之一，是英语演讲中的最高典范。

这篇演说思想深刻，行文严谨，语言洗练，语义的承转，结构的安排，甚至包括句式的使用，无一不是极尽推敲之作。演讲的手稿被藏于美国国会图书馆，演说词被铸成金文，长存于牛津大学。

连任第十七届总统

1864年，在总统竞选快要到来之际，林肯清醒地意识到一件重要的事情正在展开。

他知道蔡斯正迫不及待地谋求竞选总统，对于蔡斯意欲获总统候选人提名以及他所要弄的种种把戏甚至对总统的中伤，他"尽可能地一概闭起眼睛"，装作不知。

他知道作为财政部长，蔡斯是称职的。特别是受当总统的欲望所驱使，蔡斯就会更加卖力，这样他的财政部也会加速运转。

林肯也正希望蔡斯能努力工作，广进财源，他知道没有钱便打不了仗，经济是决定战争胜负的重要条件。因此，林肯决定暂时不理会他。

不过蔡斯却很快尝到了欲望所带来的后果，只好递交辞呈。有人在国会的一次发言中，指责财政部内充斥着腐败现象和政治上的偏心眼。林肯理智地处理了蔡斯的辞职请求，不过，他并没有马上回复蔡斯，而是有意冷落了一周时间，到2月底才"抽出空"来，而"经过考虑"，林肯回答道："我发现现在确实没什么好说的。"

蔡斯体会到了林肯力量的强大，最后只得谋求妥协。林肯亦乐得顺水推舟："像你对我保证的那样，我也向你保证，我也绝不鼓励和支持对你的任何攻击。"

最后，对于蔡斯是否继续任财政部长，林肯以"没有更改的必要"肯定而冷淡地作了回答。

这就是林肯！只要对国家有利，他自己的感受就显得不那么重要了。在这个困难的时期，保持政府的团结，至少是一种团结的象征，这是尤其重要的。林肯内阁的组成充分表现出了政治的包容性。在另一方面，林肯也表现出在用人问题上的坚决和果断。

林肯这样做，是体现了"此人与其放在外边不如圈在里边"的精明。在南北战争期间复杂的状况下，林肯既不愿意鱼死网破的蔡斯跑到内阁以外全力以赴地搞起反对白宫的活动来，也不想给外界留下共和党分裂的印象。

更何况，蔡斯也确实很有能力，很出色地完成了为前线提供财政支持的任务。所谓天下无废人，然后无废事。在林肯这里得到了很好的注释。

蔡斯竞选的希望黯淡了，而拥护他的激进派却不肯放弃搞垮林肯的努力。对于林肯，激进派极不满意其宽容的重建计划，特别是关于路易斯安那、阿肯色等州的重建工作是在未经国会批准的情况下进行的，更引起他们的怒火。尽管激进派的活动并不成功，但林肯的前途也不容乐观。

战场形势对林肯的竞选也很不利。6月3日，科尔德港战斗打响，而失去了时机的格兰特为此付出了惨重的代价。在格兰特所发动的进攻中，这是他最为懊悔的一次。战斗刚开始一个小时，他手下的7000名战士就倒在了战场上，而其中多数是在前几分钟倒下的。

巨大的伤亡使前不久对格兰特的欢呼为咒骂所取代，他被骂成"屠夫"，这也给林肯带来了巨大的麻烦，还有几天就将召开巴尔的摩代表大会，而格兰特是林肯试用的"堵漏塞"。尽管如此，林肯仍然深得民心，格兰特仍在里士满周围活动，而李将军却被迫退守。

格兰特的失利从另一方面来说对林肯竞选是有利的，因为格兰特如果一路畅通拿下里士满，那么他就会成为民主党必然的总统候选人，并终将赢得最后的选举。

不过，林肯对于格兰特当总统似乎并不怎么在意，因为林肯所希望的就是镇压叛乱，攻克里士满，而且格兰特亦赞同解放黑人和使用黑人士兵。

从内心来讲，林肯是希望连任的，因此他不放弃努力。然而，7月18日，林肯发布了50天内征募50万志愿兵的公告，这令人们对他很不满。

林肯的征兵令是根据国会7月4日通过的征兵法进行的。该法令授权总统可以随时为军事工作而自行征召任何数量的役期1至3年的志愿兵。

格兰特因再战中损失惨重，这时正是最需要人的时候。但同时因军队无所建树，又是人们对军队意见最大的时候，林肯的征兵令引发了北部强烈的不满情绪，而这种情绪正好又出现在和谈未果的时候。

这时，格兰特又失去了一次攻占彼得斯堡的良机。

给林肯雪上加霜的是韦德和戴维斯，他们因总统搁置其法案而导致的满腔怒火，终于在8月5日的《纽约论坛报》上发泄了出来，谴责总统蓄意践踏人民立法权。

林肯的不顺到此并未结束。8月9日，当他就和谈问题要求反对派格里利公开与自己的往来信件时，吃了一次暗亏。

11月8日，天气阴沉，下起了雨。19时整，林肯与秘书海来到陆军部，坐听选举结果。因受风暴影响，电报线路不能正常工作。林肯便在那里演讲，同时告诉了在那里的几个听众他第一次选举后所做的梦。

这天午夜，尽管有几个州结果还没来，但已可以基本肯定，林肯的当选是无疑了。

11月10日晚，人们前来白宫向林肯祝贺。当林肯走出白宫的时候，草坪上一片欢呼。

▲林肯总统进入里士满

1865年3月4日中午时分，在国会大厦前举行了林肯总统第二次就职典礼。人海中爆发出经久不息的雷鸣般的欢呼声，总统同应邀出席的各界知名人士一道登上了讲台。

林肯走到前列，宣读第二次总统就职演说。全场顿时鸦雀无声，人人凝神倾听在这一庄严时刻所发表的具有历史意义的演说。林肯在演说中说：

同胞们：

在这第二次宣誓就任总统时，我不必像第一次那样发表长篇演说。对于将要执行的方针稍作详尽的说明似乎是恰当而适宜的。现在，四年任期已满，对于这场仍然吸引着全国关注并占用了全国力量的重大斗争的每一重要关头和方面，这四年间已不断地发布公告，因此我没有什么新情况可以奉告。我们军队的进展是其他一切的主要依靠，公众和我一样都清楚地了解军队的情况，我深信，大家对之都是感到满意和受鼓舞的。我们对未来抱有极大的希望，但却不敢作出任何预测。

我们的军事进展，是一切其他问题的关键所在，大家对其情形和我一样明了，而且我相信进展的情况可以使我们全体人民有理由感到满意和鼓舞。既然将来很有希望，那么我也无须在这方面做什么预言了。

假使上帝要让战争再继续下去，直到250年来奴隶无偿劳动所积聚的财富化为乌有，并像3000年前人们所说的那样，直至被鞭笞所流的每一滴血为刀剑下流的每一滴血所偿付为止，那么，我也只好说："主的裁判是完全正确而公道的。"

我们对任何人都不怀恶意，我们对任何人都抱好感。上帝让我们看到哪一边是正确的，我们就坚信那正确的一边。让我们继续奋斗，以完成我们正在进行的工作，去治疗国家的创伤，去照顾艰苦作战的战士和他们的遗孀遗孤，尽一切努力实现并维护我们自己之间，以及我国与他国之间的公正和持久的和平。

当林肯念到最后一段时，许多人眼里已噙满泪水。

林肯把他的右手放在摊开的《圣经》上，跟着首席法官蔡斯复诵就职誓词。

亲临前线慰问胜利之师

林肯政府出于对军事力量的关注，决定三年内征兵50万，1864年3月1日起正式执行。另外，战争形势向好的方向发展。由于格兰特的连续胜利，林肯决定用这只"塞子"来堵住联邦这条破船之漏。

1864年2月22日，众议院通过恢复中将军衔议案，并授权总统择人而授。中将军衔在美国内战前只有两个人得过，一人是华盛顿，另一人是斯科特，而后者晋升到这一级是属于名誉性质。林肯签署了众议院的这项议案，并毫不犹豫地任命了格兰特，参议院批准了该任命。

格兰特在林肯的要求下于3月8日晚来到华盛顿，这两个人在以前从未见过面。而对于这第一次见面，格兰特却并不感到怎样高兴，因为他来得不巧，刚好遇上总统每周一次例行接见的日子。

白宫会客厅挤满了人，格兰特不喜欢这种热闹场面，他甚至觉得他所经历的战争也没有哪一次能与这种热闹相比。

当他进入客厅，林肯激动地握住他手的时候，他似乎有些不习惯，他看起来无精打采。特别是当人们争相前来同他握手的时候，他完全不知该怎样应付，被动地伸出手与人们一一相握，脸则羞得通红，并因紧张而流汗。

人群散尽后，林肯和格兰特才在一个小房间里坐了下来，主要由林肯谈些关于次日的活动安排，活动是授予格兰特新的军衔委任状。

根据事先的安排，格兰特要致答谢词。格兰特把要讲的话匆匆用铅笔记在一张随手而得的便条纸上，总共只有三句，字迹却潦草难辨。当他从衣服口袋里掏出那张已弄得皱巴巴的纸条上前讲话时，紧张得不住颤抖。

于是，他深深地吸了一口气，双手捏紧纸条，然后读道："总统先生，我怀着感激的心情接受这项有着崇高荣誉的任命。有这么一支卓越的军队为我们的祖国而战，我将竭尽所能不使您感到失望。我深切地感到现在托付给我的责任的重大，同时也知道如果我完成了这些任务，那将归功于那些军队，尤其要感谢指引各民族及每个人的上帝的恩惠。"

格兰特于3月12日被任命为联邦军总司令。不习惯应酬的格兰特决定当晚即回西线，而这时总统夫人却已安排了晚宴，一场戏即将开场而主角却不能出台，故而林肯前往劝格兰特留下。

格兰特的回答则使林肯深为感动："我吃一顿晚饭，说起来就等于使国家一天损失了100万美元。"当然，令格兰特不愿留下的原因还有他差不多已受够了那些排场。

格兰特此后时常返回华盛顿，并最终在总统的影响下制订了作战计划。总统像他一贯坚持的那样，希望格兰特把重点放在消灭叛军实力上。

3月底，忙于调兵遣将的格兰特将他的司令部设到库尔佩珀县城。林肯欣喜地看到军队在格兰特调动下不再如一盘散沙，而且他们个个都斗志昂扬、整装待发。

总统踌躇满志，看着即将全线出击的队伍说："那些没有参加剥敌人皮的也可以帮着抓住一条腿。"4月底，格兰特将军离开华盛顿，去实施其春季作战计划。

林肯对自己所了解到的关于格兰特目前所做的一切表示完全满意。

但当林肯写信向格兰特

▲格兰特将军

告别的时候，他还是有些担心部队的伤亡与被俘问题，因此他提醒格兰特："如果你需要什么东西是在我的职权范围内力所能及的，请务必告诉我。"

格兰特对总统也极为满意，他告知总统："直到今天，从未有过一件事使我抱怨。我随便要什么东西您总是立刻答应，甚至不需要做任何说明，这一直使我惊讶不已。我的成功如果小于我的期望，那我至少可以说，这并不是您的过错。"

1864年初，林肯在首都举行了一次阅兵典礼。在检阅的那一天，参检部队雄赳赳、气昂昂地通过威拉德旅馆的检阅阳台，接受林肯总统的检阅。

这天，天空突然下起雨来，官兵统统淋湿了。总统侍从催促他进屋去避一下雨，林肯执意不从，还说："既然士兵们受得了，我想我也受得了的。"

黑人参阅团队通过检阅台时，对陆海军最高统帅、合众国总统和签署《宅地法》、《解放黑奴宣言》的大救星发出了一阵阵雷鸣般的欢呼致敬声，有的把帽子抛向空中，与在空中饱受战火洗礼的军旗相映成趣，显示出一幅多彩的画面。

带着总统的信任，格兰特就这样领着他的人马寻找他的敌手去了。5月4日午夜，格兰特率领12万大军渡过拉皮丹河，进驻斯波特西尔法尼亚的维尔尼斯，开始执行他那强攻罗伯特·李军的战役决策。

从5月4日至6日，林肯都焦急地守在电报室里等候前方发来的电报，他这两天一直没有得到格兰特的一丁点消息。

7日凌晨2时，林肯接见了一个从约50公里外用专车接来的前方记者亨利·温，向他了解格兰特的行踪。温告诉林肯说，格兰特将军已下令对敌军发动一次拂晓攻势，临行前格兰特对自己说道："假如你能见到总统，请他单独接见你，告诉他，格兰特将军绝不回头。"

其实，这时的格兰特正坐镇前线，他的部队经过48小时鏖战，已损失1.4万人。救护车川流不息地向北急驶，道路为之阻塞。格兰特还是一个劲儿地下令部队向前冲锋，使罗伯特·李军的伤亡人数也远远超过了其所能忍受的限度。

6日午夜之后，格兰特决定挥师向里士满挺进，从左方直插斯波特西尔法尼亚—科特豪斯。不料冤家路窄，李军正好也布防在斯波特西尔法尼亚，又一次阻挡着格兰特的道路。两军对阵，又展开了一场激战，战斗一直打到5月13日黎明。

10天时间，北军波托马克军团在连续行军和战斗中，伤亡人数达两万多人，失踪4000多人。同盟军方面伤亡的人数不详，但根据战俘透露的情况来看，李军兵力已大大削减，且无法补充。

格兰特再次从左翼向科尔德哈伯推进，里士满城内的教堂塔尖几乎一览无余。眼看敌军首都已经在望，他下令发起正面强攻，不到半小时就损失了3000士兵。6月3日晚，联邦军伤亡已达

7000人，同盟军却仅损失了1400人。两军的损耗不成比例。对于这次轻率强攻科尔德哈伯，格兰特后来说"一直感到后悔"。

自从他渡过拉皮丹河迫使李军接战以来，已经过了30多天。同盟军的北弗吉尼亚军团从来没有被联邦军的波托马克军团打得这样狼狈不堪，从一个据点退缩到另一个据点，天天被迫打消耗战，眼看格兰特步步进逼，即便遭受二比一或三比一的伤亡数字也在所不惜。

正当罗伯特·李摆好架势，准备进一步迎击格兰特的穷追猛打时，联邦军却在一夜之间悄悄地转移，科尔德哈伯那长长的战壕里已空无一人。原来格兰特部经过长途行军，渡过了宽阔的詹姆斯河，到达了距里士满约37公里的交通枢纽站彼得斯堡。联邦军在这里又猛攻了4天，付出了10000人的伤亡代价，同盟军仅损失了5000人。

6月19日，格兰特下令停止进攻，决心让部队休整一下，并随即电告华盛顿。这是因为，从维尔尼斯到科尔德哈伯，联邦军已损失了5.4万人，约合罗伯特·李的全部兵力。好在后方源源不断地补充兵员，致使格兰特部队又逐渐恢复到5月初夜渡拉皮丹河时的兵力。

1864年6月15日，林肯致电格兰特将军表示嘉勉："刚才得悉你昨天13时来电。我开始明白了，你定会马到成功。上帝保佑你部全体官兵。"这封慰问电表达了陆海军最高统帅对格兰特伟大战略部署的深深赞许。谢尔曼与格兰特两支主力部队一旦突破同盟军防线胜利会师，那就意味着内战的结束。林肯总统对此"开始明白了"。

为保证前方源源不断的兵员供给，林肯在后方卓有成效地工作着。1864年6月20日，总统带着幼子塔德乘轮船顺波托马克河而下，再转入詹姆斯河。6月21日，林肯离船登岸，在格兰特的司令部谈了片刻，便去看望巴特勒和米德两位司令。

在第十八军营地，黑人士兵潮水般地涌上前来，把林肯团团围住，欢呼声、笑声、歌声此起彼伏，响彻云霄。他们簇拥着林肯，吻他的手，抚摸着他的坐骑。陆海军统帅和众多士兵都热泪盈眶，哽咽得说不出话来。

对战败者宽大为怀

　　1864年的夏天，林肯变得判若两人，和三年前比起来，他的笑声变少了，脸上的皱纹加深了，双肩垂了下来，双颊凹陷下去。但是很快的，可怕的夏天结束了，秋天则带来了好消息。

　　谢尔曼夺取了亚特兰大而正进军通过乔治亚；法拉格特海军上将，经过一场戏剧性的海战以后，便占领了木比耳湾并加强了对墨西哥湾的封锁；谢利敦在施南多亚谷打了几场精彩的胜仗；李将军如今不敢再贸然出兵了；格兰特对彼得斯堡和里乞蒙层层包围，南方联盟快要垮台了。

　　林肯的将领们如今开始占上风，他的政策被证明是可行的，这时北方的士兵豪气冲天。

　　战争已经进行4年了，林肯心中对于南方的人民仍毫无仇恨。他总是时时刻刻地说："现在他们的处境也许正是如同我们在他们那样的情形时一般。"

11月16日，谢尔曼率领着部队浩浩荡荡地杀进萨凡纳市。这支5.5万人的大军分成四路纵队前进，横扫30至60多公里宽的地带，对这个南方粮仓的佐治亚州进行有计划的扫荡。粮食带不走的，通通予以烧毁。

沿途还破坏了400多公里长的铁路线，缴获了各农场和种植场的粮食和马草。在谢尔曼看来，这是南方自作自受，"还应该受到更多的惩罚"。

谢尔曼在进军途中的一切补给，全由各旅部队收缴10公里以内的奴隶主财物来维持，并美其名曰"自给自足"。兵员的缺额也由一路上踊跃参军的身强力壮的青年黑人来补充。据估计，谢尔曼先后吸收了2.5万名黑人壮丁加入部队。

1865年1月15日，位于北卡罗来纳州东南端的费希尔堡垒，在遭受三天的猛烈炮击后，终于在夜间被联邦军攻陷。

这样一来，同盟方面最后一个对外开放的港口维尔明顿完全被封杀了，补给品运不进来，市里的棉花也运不出去，南方同盟因此遭到了进一步打击。

谢尔曼大军浩浩荡荡地杀向北方。他以骑兵为前锋，分成两路纵队挺进。他们提出的口号是"反叛从这里开始，也将在这里结束"。

这是因为南卡罗来纳州是带头脱离联邦的一个州，所以联邦军官兵便把满腔愤怒都向由韦德·汉普顿将军指挥的15万名同盟军发泄，攻势凌厉，锐不可当。

谢尔曼过去在佐治亚州攻夺亚特兰大等地时，总爱约束部属滥用暴力。但这次他却没有重申这一命令，用他自己后来的话说便是："我当时的目的是要严惩叛军，压倒他们的嚣张气焰，穷追猛打，揍得他们走投无路，闻风丧胆。"

为了防止罗伯特·李抽出兵力阻截北上的谢尔曼，格兰特及时采取北南呼应战略，于2月5日至7日展开了一系列攻势，狠狠打击了罗伯特·李部，使他无暇南顾。

谢尔曼挥师北进，到达北卡罗来纳州的费耶特维尔，行将直捣戈尔兹博罗。这样，从佐治亚州萨凡纳市出发以来，谢尔曼部已完成680公里的行军历程。正如林肯在白宫总结格兰特和谢尔曼两人的主要战略时所指出的："格兰特揪住了老熊的后腿，谢尔曼则在一块块地撕剥熊皮。"

1865年4月1日，战斗在弗吉尼亚州彼得斯堡西南约十八公里处的五岔口打响。谢里登将军在第五军军长格·克·沃伦部的配合下，大败皮克特指挥的同盟军。这个胜利使随后发起总攻的格兰特得以在4月3日突破罗伯特·李军在彼得斯堡的防线，为同日占领里士满奠定了基础。

五岔口一仗的结果是，谢里登率领的部队和第五军俘获了同盟军的三个步兵旅，抓到了数千名俘虏。联邦军在迫使罗伯特·李军撤出彼得斯堡及其他据点之后，以较小的代价切断了李军与里士满之间的联系。

4月2日夜间，李军重整残部，准备破网西窜。杰弗逊·戴维斯在罗伯特·李的一再电催下，已于4月2日夜里逃离里士满，次日下午即安抵弗吉尼亚州南部的丹维尔。

在逃离首都的同时，戴维斯下令炸毁桥梁，焚烧军火库和仓库。一时间，到处烈焰冲天，浓烟滚滚。

4月3日上午，戈弗雷·韦策尔将军在市政厅接受了里士满叛军的投降。下午，他的部队平息了抢粮骚乱。韦策尔将军致电陆军部说："我军于今天上午8时15分占领了里士满。"

消息很快在华盛顿和北方传播开，人们的情绪更加激昂。几千名载歌载舞的群众聚集到陆军部的大楼外面，陆军部长斯坦东代表林肯政府讲了话，感谢全能的上帝对合众国的伟大拯救。从国会到白宫和政府办公大楼，整条宾夕法尼亚大道上旌旗招展，一派节日盛况。800响礼炮炮声隆隆，响彻云霄。人们在大街上高歌前进，相互拥抱，饮酒助兴。

罗伯特·李军在西窜途中，与追击他的格兰特军经常进行短暂交锋，李军伤亡惨重。加上从3月底至4月初的近10天战斗中又被俘了1.9万人，因而战斗力大减。当李军残部西窜至阿米利亚考特豪斯时，停留了一天以筹措粮草，却一无所获，李军士兵被迫靠极少量的炒玉米来勉强支撑着。

在塞勒斯河，数量众多的联邦军追上了李军，迫使后者仓促应战。战斗结果是李军又损失了近半数兵力。这时，李军中不但粮食匮乏，炮弹也所剩无几，情况岌岌可危。

4月8日晚，波托马克军团进逼李军的后部，紧紧咬住不放。联邦第五军军长查尔斯·格里芬和另一军军长爱德华·奥德的两支强大步兵部队，4月8日昼夜兼程，于4月9日黎明时分赶到阿波马托克斯村，援助谢里登的骑兵部队，准备一举全歼罗伯特·李军。在西窜李军的左翼，还部署了联邦军的其他部队。

在腹背受敌、四面楚歌的困境中，罗伯特·李在进行几次信函试探之后，终于再次致函请求投降。这与格兰特"在不再死一个人的情况下解决种种难题"的愿望不谋而合。格兰特将军当即

▲李将军向格兰特投降

复函，并把会晤地点通知了罗伯特·李。

1865年4月9日，在弗吉尼亚阿波马托克斯村，举行了两军总司令的历史性会晤。

当天下午，两位将军在一间简陋的小会客室里相会，并讨论相关事宜。格兰特一如往常地不修边幅，他没有带刀，且他穿的制服和军中每一个士兵所穿的一样，只是他在肩上挂着三颗银星表示他的身份。

贵族化的李将军戴的手套镶着珠子，佩剑上又嵌着珠宝，看上去好像是刚从铜版雕刻画当中走出来的某个威严的战胜者一般，然而格兰特看起来简直像是密苏里州的一个农夫刚到城里卖一批猪和一些皮革似的。唯有这一次，格兰特自惭形秽，他为了没有穿戴整齐前来赴会而向李将军礼貌地道歉。

格兰特提起钢笔和墨水，潦草地写下投降条件。这四年的血战以来，北方的激烈分子一直要求李将军和西点军校出身而背叛的其他军官们，都要因叛变的罪名处以绞刑。但是格兰特写出的条件却没有刺伤人的地方。

李将军的军官们被获准保留他们的军械，而士兵们则释放回家。每个要求马匹或骡马的士兵都可获得，可骑回到自己的农庄或棉花田去，再度耕耘家园。

为什么投降的条件如此宽大和平呢？因为这些是亚伯拉罕·林肯亲笔列述的投降条文。

于是，这一次已经杀害了60多万人的战争，终于在一个弗吉尼亚的小村落中的阿波麦托法院中正式结束了。当天下午，林肯搭乘着"河上女皇"号船返回华盛顿。他花上几个小时向他的朋友们大声朗诵着莎士比亚的作品。

至此，一场南方同盟和北方联邦的内战，最终以林肯为首的北方联邦政府获胜而告终。

南方同盟政府首脑杰弗逊·戴维斯，那个誓言"定能获得独立"的人，于1865年4月3日仓皇逃离里士满，5月10日在佐治亚州伊尔文维尔被捕入狱。

这就是战争的结局，当然，胜利是来之不易的。

当举国若狂之际，林肯却并不高兴，或者说是轻松不起来。他所要面对的任务还很繁重，因为关于重建问题已经因路易斯安那州而起了争议。1865年4月11日晚，他就此问题作了演讲。

林肯说，重建工作困难重重，"你无法找到一个全权机构作为打交道的对象。任何人也无权代表其他人放弃叛乱。我们只能完全从一些无组织的意见不一的分子开始，慢慢从中理出一个眉目来。"

林肯指出，路易斯安那曾根据一项计划试行成立了州政府，那么，"要恢复路易斯安那州与联邦之间的正式的实际关系，到底是支持新政府能快一些呢？还是摈弃新政府能更快一些？"

林肯接着谈及该州已取得的成就和摈弃所导致的后果。然后说："假使说路易斯安那州的新政府和应当建立的那种政府的关系不过像鸡蛋和小鸡的关系，那么我们要很快得到小鸡，就只能让鸡蛋孵化，而不能把鸡蛋打碎。"

林肯煞费苦心地为路易斯安那州政府的被接纳而寻找各种理由。他希望人民对叛乱各州宽大为怀，同时自己也在努力让激进派靠近一些，他提及路易斯安那州没有给黑人以选举权使一些人感到不满，但"我个人倒赞成现在就能够使那些最聪明的，那些为了我们的事业而当兵的黑人享有那种权利"。

林肯深知北部多数白人不会赞成给黑人以选举权，但如果同意给部分黑人这种权利，那无异于已将脚套进鞋里，要穿上就只是时间问题了。

林肯还说在目前形势下他也许会考虑发布一个新的宣言。但他"也许"正在考虑，却是永远"发布"不了了，因为4月14日星期五，因在复活节前，故称耶稣殉难日，这一天，林肯的头部挨了致命一枪。

生命中的最大悲剧

　　现在，让我们随时光的步伐一起回到过去，因为这里要告诉大家一件非常奇特的事情。这件事情就发生在攻陷里士满的前不久，它从一个侧面反映出林肯近三十年的家庭生活，其悲剧色彩尤为浓厚，他独自忍受着这不幸婚姻的一切。

　　这件事发生在格兰特的作战总指挥部附近。他想请林肯夫妇到前线来和他一起度过一个星期。

　　林肯很爽快地答应了，因为他也想放松一下深感疲惫的身心。自从进入白宫以后，他还不曾度假休息过。在他连任之初，一拨又一拨的求职者前呼后拥地来骚扰他，他更是避之唯恐不及。

　　于是，林肯夫妇登上了"河上女皇"号，沿着波托马克河顺流而下，通过切萨皮克湾的下游，转入老波恩特港，驶向杰姆斯大河，直抵波恩特市。

水面上方是两百英尺高的悬崖峭壁，那位噶林纳小镇的前皮货采购员早已站在上面一边抽旱烟袋，一边砍木头。

几天之后，在这里举行了总统宴会，参加者都是些华盛顿的上层名人，这是毋庸置疑的，法国部长杰奥弗洛伊应邀出席了。所有宾客都想去看看12里地以外的波托马克前线阵地，当然是越快越好。

于是，第二天大家就出发了。男人们骑着高头大马走在前面，而林肯夫人和格兰特夫人则坐在一辆半敞篷的马车里紧紧地跟在后面。

艾德姆·巴狄乌将军、格兰特的作战参谋及其众多朋友和武官侍从等一行人不离左右地陪同着几位夫人参观。巴狄乌就坐在马车的前排座位上，他面对着两位女士；背对着拉车的马。因

▲林肯夫人和夫人的仆人

此，车子里发生的事情他看得再清楚不过了。下面就从巴狄乌所写的《和平时期的格兰特》一书中摘选几段：

　　在交谈的过程中，我无意中提及大战即将来临，按指挥部的指示，在前线的军官眷属必须一律留在部队的后方。接着，我又提到只有一位夫人是个特例，那是因为查尔斯·格瑞芬将军的太太得到了总统的特别许可。

　　总统夫人听到这里，大声说道："您讲这些话是何用意呢？您的意思是说那个女人可以单独和总统见面，不是这样吗？可我从来不允许总统与任何女人单独在一起，难道你不知道吗？"

　　如此看来，夫人对向来不修边幅的亚伯拉罕·林肯心怀猜忌。我发现情况不妙，便极力用缓和委婉的语气来宽慰对方。可是，她已经是怒不可遏了。

　　"您没有必要强颜欢笑，我知道您现在心脏跳得很快，先生。"她的声调呈上升趋势，"我现在就下车去问个究竟！"

　　格瑞芬夫人是继埃斯特哈齐伯爵夫人之后又一位品貌出众的华盛顿上流社会的名媛佳丽，并且和格兰特夫人的私交颇深。于是，格兰特夫人就开始努力劝解情绪激动的总统夫人，但是她根本不听。

　　林肯夫人再次发出让车夫停车的命令，我略一犹豫，她马上就伸出双臂去抓前面的车夫。最终，还是格兰特夫人说服了她和大家一起在营地下车。

　　直到深夜，我们一行人才回到了营房。这时格兰特夫人把我叫到一边，小声地和我议论此事。她说这件事棘手得很，我们谁都不能再提及这件令人懊恼的事。

　　从我这方面讲，是肯定不会再提半个字了，而她顶多会告诉将军先生。不过，到了第二天，我就不用再担心什么，因为后面发生的事情更加糟糕。

　　天亮之后，我们这一行人又早早地出发去参观位于杰姆斯河北岸的驻军，其统帅为奥德将军。今天的活动安排和昨天几乎没什么区别。

　　我们乘坐蒸汽艇过河以后，男士们骑马，林肯夫人和格兰特夫人则坐在救护流动车里。我还是作他们的陪护，可是，我又要求加派一名同事和我一起"执行任务"，因为有过昨日不愉快的经历，我不想再一个人留在车里。于是，霍瑞斯·波特上校也被派过来坐进了车子里。

　　作为部队司令官的妻子，奥德夫人不必服从后撤的命令，她也陪同着丈夫前来了。眼看这一天的活动就要结束了，我估计她是想离开部队转而向华盛顿靠拢。由于车子里已座无虚席，她便独自上马，赶到前面和总统并肩而行了一段路程。

当林肯夫人看到眼前这一情景时，心中的怒火顿时又燃烧了起来，她大声嚷道："那个女人到底想干什么？竟敢跑到我前面去和总统并肩而行？她认为总统很高兴她过去陪在身边，是这样吗？"

她十分恼火，以至于言语冲动，其动作也很过分。这时，格兰特夫人又极力加以劝解。但是，这次林肯夫人却把矛头转向了她。而我和波特认真观察着这一切，但一句话都不敢说。我俩害怕她敢从车里跳出去，对着参观团大喊大叫。谁敢保证她不会这样做呢？

她在途中曾这样问过格兰特夫人："你也想有朝一日走进白宫，不是吗？"而格兰特夫人依旧保持着镇定和尊严，她只是说她对目前的地位十分满足。这样的回答她理应满意了吧！

可是，林肯夫人又阴阳怪气地说道："哦！真的吗？如果有机会，你最好去试试，那里面可真是不错。"

过了一会儿，当格兰特夫人不惜冒着激怒对方的危险而极力保护她朋友的时候，林肯夫人再度把矛头指向了她，其矛之锐，可想而知。

　　我们在半路停下来正在休息时，国务卿的侄子、奥德的军官西沃德少校骑着马跑过来，想开个玩笑："总统的坐骑总喜欢和奥德夫人的马凑到一起，真是一匹好色之马。"

　　他的玩笑肯定是火上浇油啊！

　　"你到底有何用意，先生？"她大喊起来。

　　西沃德发现自己说了蠢话，赶紧掉转马头，跑得不见了踪影。最后，他们终于到达了目的地。奥德夫人也回到了车子旁边。于是，林肯夫人就当着众人的面故意使她难堪，质问她为何要和总统一路同行。

　　那可怜的女人立刻就哭了，边哭边问对方自己到底哪里做错了。而林肯夫人心中的怒火难以熄灭，直到骂累了她才住口。

　　格兰特夫人一直在尽力维护她的朋友，而其余人则是满脸惊恐。一番吵闹之后，我们回到了波恩特市内。

　　当晚，总统夫妇在船上设宴招待格兰特夫妇及众将官。在众人面前，林肯夫人向总统大加诋毁奥德将军，并要求撤销他的职务。她只说奥德不能胜任却并没有提及其夫人的事情。坐在旁边的格兰特勇敢地维护着他的下属。林肯当然也不会那样去做。

　　在宴席上，林肯夫人因为格瑞芬太太和奥德夫人的事而耿耿于怀，于是，对她的丈夫便百般挖苦。我这个连私人朋友都算不上的人也看不过去了，更何况在众人面前受到指责和辱骂的竟是我们日理万机的国家总统。

身为国家总统，在颜面尽失、屈辱受尽的情况下还能保持着克制力，即使是耶稣再世也不过如此吧！他那难以名状的痛苦表情也同样在刺痛着每一个旁观者的心，但是，他依然保持着自己的镇静和尊严，保持着那份具有神奇力量的忍耐。

总统用恳求的目光和语气请她的太太息事宁人。同时，他还在尽力地宽慰着在场的众将官。而她却像一头母老虎似地对着他狂吼乱叫，最终，他选择了离开。

总统用手捂住那张难看的脸，我们都无法看清也不敢想象他当时那无比痛楚的表情。

谢尔曼将军曾亲眼目睹了上述事实。许多年以后，他还向人们提及过此事。他在一篇文章中写道：

海军上尉伯纳斯亲眼目睹了这个场面，由于多嘴还受到了牵连。伯纳斯那天曾骑马跟随着奥德夫人，而且后来他还说这样辱骂奥德夫人是非常不公平的。林肯夫人得知后便记恨于心。

几天之后，他去向总统汇报一些情况，而当时林肯夫人及几名军官也在场。总统夫人当即就对他说了几句不堪入耳的话。

一旁的林肯依然没有说什么，但是没过多久，他便把这位年轻的军官拉进自己的屋子，让他在这里看地图和报纸。

伯纳斯告诉我，总统并没有解释什么，也没有说妻子的不是。但他分明用细腻亲密的肢体语言表达了对这名军官的歉意和关怀。

没过多久，斯坦东夫人也来到波恩特市参观。我在不经意中向她问起林肯夫人的一些情况。

"我不想也不曾去拜访林肯夫人。"她就是这样回答的。

我以为自己的耳朵出了毛病，国防部部长的夫人不去拜访总统的夫人，这怎么可能呢？于是，我又再次问了相同的问题。

"我说得还不够清楚吗，先生？"她又不厌其烦地说道，"我不进白宫，也不去拜访林肯夫人。"我虽然和斯坦东夫人很少来往，但是她这超乎常理的回答却令我吃惊而难以忘记。不过，后来仔细一想，也就明白了其中的缘由。

　　林肯夫人继而又把矛头转向了格兰特夫人，后者曾极力地劝解过她，而她现在竟倒打一耙。她曾经指责格兰特夫人当着自己的面竟然先坐下了。"你怎么敢坐在那里？"她大声叫着，"我还没有请你坐下。"

伊丽莎白·凯克利是陪同林肯夫人一起来到格兰特的指挥部的随行人员。她说过大家把那次晚宴戏称为"女总统的特别招待会"。

　　那天，一位卫生部门的年轻官员就坐在林肯夫人附近，他以极其轻松的口吻对她说道："林肯夫人，那天当总统先生带着胜利者的微笑走进里士满时的风采，他就像大明星一样引起万人瞩目，女人挥动着手帕，纷纷用飞吻向他致意。他就像一名英雄那样被女人们簇拥着、包围着。"

　　这位官员突然像感觉到了什么，于是，赶紧收住了口。因为林肯夫人正怒视着他，不用说，对方的轻佻话语又惹恼了她。

　　我估计当时的情景会令这位激怒了林肯夫人的年轻军官一生都不会忘记。

"从我出生到现在还从未见过像她那样怪癖的、一根儿筋的女人。"凯克利太太说道，"找遍全世界也没有一个像她那样的人。"

"在大街上随便找个美国人问问：'林肯的妻子为人如何？'"

赫诺尔·维尔斯·莫若在他所著的《玛丽·托德·林肯》一书中写道：

> 十个人里会有九个人说她是一个泼妇，一个对丈夫十分粗野的疯婆娘。

这就是对林肯夫人的最好总结。

林肯生命中的最大悲剧不是后来惨遭暗杀，而是他的婚姻啊！多少年来，林肯几乎天天都在收获"毫无默契的婚姻所带来的苦痛"。

"日常生活里的吵闹和正规场合的颜面扫地，这所有的痛苦就像一个沉重的十字架。"巴狄乌将军说道，"林肯总是默默地承受着一切家庭生活中的痛苦，并始终对自己说：'圣父，请饶恕吧！他们不知道自己为什么这样做。'"

林肯作了总统之后，和他过从甚密的好朋友依然是伊利诺伊的议员奥维勒·伯朗宁先生。他俩是二十多年的知己。伯朗宁是白宫晚餐桌上的常客，并且还经常在那里过夜。他曾经写过详细的日记。后来，这部手稿被公开拍卖了，人们从日记中可以得知有关林肯夫人的惊人评语。

白宫历来有一个被认可了的传统：总统在公开场合下可以选择某位女士而不必是他的妻子与己同行。但是，习惯也好，传统也罢，总之，林肯夫人是不会买账的，她无法忍受有另外一个女人想超越自己，伴在总统的身边！休想，没门！

夫人有自己的一套做法，而她那套做法很是被华盛顿社交界所不齿。她绝不允许总统和别的女人并肩而行，哪怕是和别的女人说话也会引起她的妒忌和责骂。

每当举行总统招待会时，林肯就会跑过去问那醋意极大的妻子，他可以回答哪个女子提出的问题。而她则说这个不行，那个她又不屑一顾。

"可是，太太，"林肯恳求道，"我必须要过去了。我总不能一言不发而像个傻子似的站在这里吧！如果你不告诉我该和谁说话，那就请告诉我不该同谁说话。"

夫人依然是我行我素，从来不会顾及别人的面子。有一次，她威胁总统，如果不把某个官员升职，她就当众让他难堪。

还有一次，林肯正在办公室里会见客人，而她竟一头冲了进来，接着便是破口大骂。

总统冷静地站起身，端着她的胳膊把她带出了办公室，让她坐下来。然后，转身回到办公室继续他的商谈。其实，对总统来讲，这简直就是家常便饭。

夫人还请过一个巫师，对方告诉她内阁里所有的成员都是林肯的敌人。对此，她并不感到吃惊，因为那些人都是她不喜欢的。

夫人恨透了西华德，骂他是"伪君子、奸佞"，并且还警告林肯说这个人不可信，重要的事情不要让他知道。

"她视切斯为很大的敌人。"凯克利太太说。

至于原因，有这样一条：切斯的女儿凯特嫁给了一个十分富有的男子。她长得美艳动人，是华盛顿交际圈中极富魅力的女性。在白宫的宴会上，只要能看见凯特的身影，林肯夫人就极为不悦，因为男人们会把目光全投向她，而成为宴会上最亮的明星。

凯克利太太说："如果有谁成为最受众人欢迎和瞩目的对象，林肯夫人立即就会心生嫉妒。因此，她不想让切斯的女儿在社交界立足，更不想让凯特的父亲从女儿的身上捞取到政治上的筹码。"

又妒又恨的林肯夫人不止一次地催促林肯罢免切斯在内阁中的职位。

夫人也特别反感斯坦东。每当听到对方批评她时，她便毫不客气地说斯坦东是一个"暴躁而又令人讨厌的家伙"。

　　每当她满腹牢骚、咒骂不休时，林肯总是耐心地劝说："太太，那些都是你的误解。你的个人看法未免过于偏颇，甚至难以理喻。我要是照你说的去做，很快我就会被孤立起来而成为内阁里的孤家寡人。"

　　安德鲁·约翰逊也令她反感，麦克莱伦令她讨厌，格兰特更加令她怨恨，他还被其称为"顽固的傻瓜和屠夫"。她声称要是让她来带领军队都比对方强，而且对上天起誓说如果有一天格兰特坐上了总统的位子，她就离开这个国家，直到他离任才会回来。

　　"或许你说得没错，太太。"林肯会说："假如真让你来指挥部队，你肯定比他们更优秀。"

　　李在投降书上签字以后，格兰特偕夫人回到了华盛顿。首都沸腾了，人们用歌声、烟花和狂欢庆祝胜利。而林肯夫人也向这位将军发出了邀请，请他同自己及总统一起"观花赏灯"。不过，她邀请的只是格兰特本人，其夫人未被邀请。

　　没过几天，她又安排了一场话剧观赏会。格兰特夫妇及斯坦东夫妇被邀请和总统坐在同一个包厢里。斯坦东夫人刚一接到邀请，便立即去找格兰特夫人商议是否出席这个话剧观赏会。

　　"除非你接受她的邀请，否则我会拒绝。除非你也在场，否则我不会去和林肯夫人同坐在一个包厢里。"斯坦东夫人说道。

　　格兰特夫人反复思考着。她知道自己丈夫的到来，必定会得到观众雷鸣般的掌声，他们会以此向"阿波马托克斯的英雄"致意。而那时，林肯夫人又会做些什么呢？不用问，她必定会搬弄许多是非把大家搞得都很难堪。

就这样，两位夫人都拒绝了邀请。虽然她们并不知道那晚会发生什么，但后来的事实证明，她们的拒绝是明智的。

因为正是两位夫人的拒绝才保全了两位丈夫的生命。因为就在那天晚上，刺客钻进了总统的包厢并向他开了枪。假如格兰特和斯坦东也在现场的话，估计刺客也会顺手结果了他们两个人的性命。

美国史上最可耻的一夜

在美国内战的年代，各种势力都在进行殊死拼搏，林肯的身边每天都有死神的阴影伴随。

陆军部长斯坦东和哥伦比亚特区警察局长沃德·希尔·拉蒙等人经常告诫总统，要注意自身的安全。林肯对他们的劝告一笑置之。

林肯在一个大信封上注明"暗杀"字样，里面收集的全是所接获的恐吓信。截至1865年3月底，装在这个信封里的恐吓信就有80封之多。

林肯对国务卿西华德说道："我知道我处在危险之中，但我不想把这种恐怖放在心上。"

1865年4月14日上午，林肯召集内阁成员开会，从前线返回华盛顿的格兰特也应邀参加了。

在这次会议上，林肯谈到了他对在南方重建法律、秩序和新的州政府的看法。

总统兴致勃勃地说道："我感到幸运的是这场大叛乱恰逢国会休会时被粉碎了，这就使国会中的捣乱分子无法妨碍、干扰我们。假如我们明智而又审慎，我们就能推动各州重新行动起来，使各个州政府卓有成效地开展工作，从而使国会在12月复会前得以恢复社会秩序和重建联邦。"

当天晚上，林肯步行至陆军部，这是每天的例行公事。不过，这次唯一反常的事是，林肯竟然笑着对警卫员克鲁克说："克鲁克，我相信有人想要谋杀我，你知道吗？"稍停片刻，他又自顾自地嘟嘟囔囔："我毫不怀疑，他们会这么干的。"

晚餐后，总统情绪异常兴奋，他谈笑风生，对国家的现状和

▲林肯被刺杀

未来充满着希望和信心。

总统沉浸在巨大的喜悦之中，本无心去看戏，他边走边说道："我本不想去看这场戏的。"

随同总统和总统夫人乘马车前往华盛顿福特剧院去看戏的，有陆军部和斯坦东特意派来的志愿兵少校亨利·里德·拉什伯恩和他的未婚妻，还有一位从首都警察部队选派来白宫担任总统保卫工作的千名军官之一，他叫约翰·帕克，他的任务是寸步不离总统，严密监视可能加害总统的任何一个嫌疑犯。一行在1865年4月14日21时进入福特剧院，随即被带进包厢。

林肯总统的包厢门上已经被钻了一个小小的窥视孔，那是约翰·威尔克斯·布斯干的。

他是一个相当有魅力的演员，同时也是南方联盟的热爱者。他在那天下午钻了那个窥视孔，目的就是想借此了解包厢内总统的动静并伺机进入包厢。布斯还在楼厅通往总统包厢的门后挖了一道槽痕，以便用木板将门堵死。

另外，他还写下了一封长信，说明他谋杀总统是出于爱国心，他将它交给一个演员，要他在第二天拿出去发表。

关于布斯谋杀总统是受谁指使有多种说法：一说他是受南方联盟的指使，并接受其资金开展活动的；一说是由于他本人的成名欲望所驱使的；一说是斯坦东等所指使的。但不管怎样，布斯无可怀疑地从很早就开始要阴谋绑架总统。

在1864年南方联盟节节失利之际，约翰·威尔克斯·布斯结识了几个在巴尔的摩和华盛顿一带流浪的南方同情分子，多次策划绑架总统，但均告失败。

南军的李将军投降后，布斯觉得绑架林肯以换取和平已失去意义，遂决定枪杀总统，为南方联盟报仇。

总统夫妇将到福特剧院看戏的公告给了他机会。那天下午他将一切安排妥当，然后召集同伙，交给乔治·阿策罗特一支枪，由他射杀副总统约翰逊。

阿策罗特不想杀人，他把枪拿去当了，从而使约翰逊躲过一劫；刘易斯、佩恩被安排去刺杀西华德，他们带了一支手枪和一把砍刀。晚上22时多一点，布斯溜进了戏院。

那天上演的一出喜剧是《我们的美国表兄》，总统看戏总是很投入的。这次也一样，他看得兴致勃勃的，却不知危险正在悄悄临近。

布斯按事先的计划顶住通道门，通道上空无一人，警卫帕克大概不喜欢看戏便溜出去喝酒了。布斯走近包厢门，贴进窥视孔，一会儿之后推开门，悄悄走到林肯背后，用手枪对准总统的后脑勺，扣动了扳机。

拉什伯恩少校听到枪声回过头，发现不远处烟雾弥漫，并看见一个人站在包厢门与总统之间，立即猛扑过去。布斯挥起一把猎刀砍伤了他，并趁机跳下舞台，在舞台上他大叫了一声，随即溜向剧院后门。

有人认出他是演员布斯，并看着他一瘸一拐地逃了出去，因为他跳下来时跌断了腿。

总统夫人听到枪声后回头，发现丈夫低垂着脑袋一动也不动，当意识到发生了什么时，她发出了令人毛骨悚然的尖叫。那时拉什伯恩正喊着要抓住凶手，布斯也刚逃出剧院后门不久，反应过来的观众立刻乱作一团。

一个叫李尔的医生迅速来到总统包厢，检查总统的伤口，他是部队助理外科医生。不久又来了两位医生。检查结果证明子弹是从头的左侧进入，到达靠近右眼的地方，没有出来。总统被一致认定是受了致命伤。

这一夜是美国历史上最为可耻的一夜，总统受了致命伤，国务卿家里也出了事。西华德家里至少有7人受伤，而西华德本人正躺在病床上，头上戴着固定钢架，他被刀刺成重伤。

奄奄一息的总统被抬到威廉·彼德森的家中，放在一张木床上。斯坦东和韦尔斯已来到现场。斯坦东忙进忙出，发号施令，使混乱状态逐步得到控制。

总统的呼吸却无法控制，它一直显得很微弱。这位坚强不屈的人，一直支撑到1865年4月15日7时22分才断气。

布斯潜逃，陆军部到处张贴了他的照片和姓名，悬赏5万美元缉拿归案，生死不论。

4月26日上午，正义之剑终于降临到了约翰·威尔克斯·布斯的头上。他像一头野兽似的受到追捕，又像一只老鼠那样走投无路。

这天，这个奴隶制的死心塌地的卫道士，终于在弗吉尼亚州卡洛林县的博林格林被联邦军警追赶上，在一个从外面放火烧着了的仓库里，一颗正义的子弹射穿了这个匪徒的颈骨，布斯遭枪击后不久即一命呜呼。

随后，与布斯一道作案的四名罪犯也都先后落网，被处绞刑。

1865年4月19日，在斯普林菲尔德，数千名群众前来出席林肯的葬礼，他们含悲忍痛地听取了林肯第二次就职演说时的录音。

年　　谱

1809年2月12日，出生于美国肯塔基州霍金维尔以南约五公里的哈丁县诺林溪畔。

1811年，随家迁往诺布溪谷的农场。

1816年12月，因父亲托马斯·林肯所种的土地无地契被收回，全家迁至印第安纳州西南佩里县鸽子溪畔。在那里建起了永久性的小屋。

1818年10月，母亲南希·汉克斯因为乳毒病去世。

1819年10月，继母萨拉·林肯来到了林肯家。

1830年12月，首次发表政治演说。

1832年，黑鹰战争爆发，林肯入伍。

1836年，通过律师考试，开始从事法律工作。

1838年12月，竞选州议会议长失败，担任州议会辉格党领袖。

1840年，与玛丽·托德订婚。

1842年11月4日，全面掌握辉格党党务。

1846年5月，赢得国会议员候选人提名。支持对墨西哥宣战。8月，击败对手，被选入联邦国会众议院。

1849年，政坛失意。

1854年12月，当选州议员。

1858年，与道格拉斯辩论。

1860年10月6日，获得选举胜利，当选总统。

1861年3月4日，发表就职演说。

1862年9月22日，签署《宅地法》，亲自起草《解放黑奴宣言》草案。

1863年1月1日，正式颁布《解放黑奴宣言》，宣布即日起废除叛乱各州的奴隶制，解放的黑奴可以应召参加联邦军队。

1864年11月8日，再次当选总统。

4月9日，叛军总司令罗伯特·李率残部向格兰特投降，南北战争以北方的胜利而告终。

1865年4月14晚，在华盛顿福特剧院被演员约翰·威尔克斯·布斯开枪射击头部。

1865年4月15日7时22分停止呼吸，享年56岁。

1865年4月19日，举行葬礼。

本书主要参考资料

《林肯》赵春香主编 中国画报出版社

《林肯——平民总统》竞游主编 内蒙古人民出版社

《林肯传》王云会编著 中国社会出版社

《平民总统林肯》薛卫民著 吉林文史出版社

《林肯》嵇立群著 中国少年儿童出版社

《平民总统林肯》蒲邻等编著 北京少年儿童出版社

《林肯》张家林主编 赫丽改写 延边大学出版社

《超越苦难:亚伯拉罕·林肯的成功之路》赵雪波 李耀辉编著 北京工业大学出版社

《林肯》华夏书主编 哈尔滨出版社

《林肯传》许学东编著 内蒙古人民出版社

《林肯》汤翔编著 哈尔滨出版社

《林肯传:1809~1865》王心裁编著 湖北辞书出版社

《伟大的解放者林肯》刘文涛著 中国社会科学出版社

《林肯传》朱徽等编译 四川人民出版社

《林肯的故事》陈鸣编著 汕头大学出版社

《林肯传:追求伟大境界的殉葬者》何东红编著 沈阳出版社

《林肯》杜汇编著 中国国际广播出版社

《林肯》万志勇 苏华编著 国际文化出版公司

《美利坚之心:林肯传》裴石鹰等编译 湖南文艺出版社

《林肯》邓珂著 商务印书馆